Diogenes Taschenbuch 22548

Ludwig Marcuse

Die Welt der Tragödie

Diogenes

Die Erstausgabe erschien 1923
im Franz Schneider Verlag, Berlin
Umschlagillustration:
Félix Valloton, ›Le Confiant‹, 1895

Dem Andenken meines Vaters

Veröffentlicht als Diogenes Taschenbuch, 1992

30/92/24/1
ISBN 3 257 22548 2

Inhalt

Motto: Die Natur hat vergessen, daß sie Chaos war,
und doch kann ihr das auch wieder einfallen.

Sören Kierkegaard

Vorwort

I.

Wer einen Dichter und sein Werk in den Begriff transponiert, wer sich also an der reinen Wirkung von Mensch und Kunst nicht genügen läßt, wird zum Kommentator oder zum Philosophen.

Der Philosoph geht von der Persönlichkeit und ihrer Dichtung aus, setzt sie als bekannt und verstanden voraus und sucht nun die allgemeinsten Ideen, die letzten umfassendsten Erlebnisse, die sich hier einmalig konkretisiert haben. Er stilisiert Schöpfer und Schöpfung auf ihr Wesenhaftes, auf ihre tiefsten abstrakten Voraussetzungen. Er läßt die Nuancen, die Farbigkeiten, die unableitbaren Schattierungen als Oberflächenphänomene beiseite. Das wissenschaftliche Einordnen von Problemstellung und Stil in die Abhängigkeit der Tradition oder in die Reaktion auf Aktualität schiebt er dem Aufgabenkreis des Kommentators zu. Ihm ist es mehr um die Idee der Wirklichkeiten, als um die Wirklichkeiten der Idee zu tun.

Der Kommentator geht nicht vom Gedicht aus, sondern will zu ihm hin. Sein Weg ist Annäherung, sein Ziel: restlose Sichtbarmachung mit Hilfe des Begriffs. So bleibt er immer innerhalb der Grenzen der Gestalt, die ihm ein nicht weiter zu enträtselndes Gegebenes, nicht aber ein Paradigma ungestalteter Kräfte ist. Aufhellung der künstlerischen Eigenart und des seelischen Gehalts durch Analyse des Werks und Heraushebung seiner historischen Verknüpfungen ist Beruf des Kommentators.

Der Philosoph fragt: wie ist eine geistige Welt beschaffen, die in einem solchen Menschen und einem solchen Kunstgebilde auskristallisiert ist? Der Kommentator geht nicht philosophierend über den Gegenstand seiner Betrachtungen hinaus, er ist Historiker, nicht Konstrukteur; er ist Diener mit streng abgegrenztem Aufgabenkreis; er schärft nur die Augen und stellt seine Aufgabe in den Brennpunkt der Aufmerksamkeit.

II.

Die angemessenste Ausdrucksform des Denkers, der von der Kunst aus philosophiert, ist der Essai.

Der Essai ist menschliche Schöpfung zweiten Grades. Baum und Schlucht und menschliches Schicksal werden gedichtet und gedeutet. Dichtung und Deutung werden wie ursprünglich gewachsene Gebilde wieder gedichtet und wieder gedeutet. Essai ist Formung eines Kulturgebildes. Und da die Grenzen zwischen Frucht, Schicksal, Gedicht und Begriffssystem gleitend sind, stehen auch Gedicht, Essai und Philosophem nicht hart nebeneinander.

Der Essai hat zwei Pole: den Dichter und den Philosophen. Auf der Achse zwischen dichterischem Echo und philosophischer Systematisierung liegen seine Möglichkeiten. Der Philosoph hat an der Kulturgestalt, die er ausphilosophiert, kein Interesse. Er sucht ihre Formel, ihr umfassendstes, also farblosestes Gesetz; des Phänomens knappsten, präzisesten, prallsten Begriff; er sucht die konzentrierteste logische Fixierung, um das eigenwillige Gebilde in seinen Begriffskosmos einbauen zu können. Der Künstler empfindet oft diese Verwandlung seiner Schöpfung als Lästerung; und von ihm stammt die Legende, der philosophische Essai sei Foxtrott der Begriffe, während jeder echte philosophische Essai mit Konzeption des künstlerischen Vollerlebnisses beginnt.

Der Dichter kennt nicht die radikale Reduktion des Philosophen, weil er die absolute Leidenschaft der Abstraktion nicht kennt. Er berührt das Kulturgebilde ebenso keusch, unangreiferisch wie die primären Erlebnisse: er entblößt es nicht bis zum Gerippe. Er hat Ehrfurcht vor dem Fleisch. Auch er abstrahiert als Essaiist; aber er löst nicht mehr den Duft als unwesentlich ab. Er bleibt im Sinnlichen. Er reproduziert aus der individuellen „Atmosphäre", wie Hofmannsthal sagt.

III.

Die Essais, die dieser Band enthält, umkreisen alle in abstrakten Begriffen die dramatische Manifestation des tragischen Erlebnisses. Sie sind nicht um ihrer selbst willen geschrieben, zum Zweck der Porträtierung großer Dramatiker. Sie sind auch keine ästhetisch-kritischen oder literarhistorisch-philologischen Studien.

Diese Essais wollen die Arbeit fortsetzen, die mein Buch: „Strindberg, das Leben der tragischen Seele" begonnen hat: die Biographie des tragischen Menschen. Eine solche Biographie ließe sich auch direkt gestalten: als Gedicht oder als System, entkleidet der historischen Namen, im Material eigenen Erlebens. Das Leben des tragischen Menschen verlief aber nicht anonym, sondern hinterließ uns glänzende Namen. Die einzelnen Landschaften der tragischen Seele sollen hier auch nach denen benannt werden, in denen sie am ersten oder am eindrucksvollsten sichtbar geworden sind. –

✡

Kapitel I

Wandel der tragischen Welt

Immer neue Welten entstehen

Die weiße Spitze des zackigen Berges; Schneebäume; ein Fetzen grüngrauer Himmel; ein kalter See im tiefsten Blaugelb; betäubende, vom Schlag der Holzfäller monoton rhythmisierte Stille: eine Welt.

Unter novembrigem Sprühregen vermummte, jagende Menschen zwischen mattbrennenden Laternenspalieren, zwischen schreienden Lichtkurven, zwischen wahnsinnig kreischenden Verkehrssignalen: wieder eine Welt.

Die Summe aller tausend Welten ist jene eine einzige Welt, jenes Universum, von dem wir nichts wissen, als daß es die Coincidentia oppositorum, das ἓν καὶ πᾶν ist; das Bunte und das Eintönige, die Freude und der Schmerz, die Vernunft und der Unsinn in eins.

Wenn der schöpferische Mensch sich dieser Welt bemächtigt, wenn er ihr antwortet auf die Urtatsache ihrer Existenz, dann engt er sie ein, ob er sie als Maler zu einer Landschaft, als Philosoph zu einem Begriffszusammenhang oder als Politiker zu einer Zweckreihe verengt. Jeder universale Schöpfer setzt eine Welttatsache als Zentrum und ordnet die übrige Weltmasse als Kreis um diesen Mittelpunkt. Eine Welt entsteht durch Vergewaltigung oder Ignorierung der Weltfülle. Es gibt so viel Welten, wie es schöpferische Weltzentren gibt.

Das tragische Erlebnis des Menschen ist immer wieder Weltzentrum geworden. Von Aeschylus bis Kaiser, von Anaximander bis Hartmann haben Jahrtausende das menschliche Leid zum Urpunkt des Alls gemacht. Verschiedene Zeiten, verschiedene Menschen haben das Leid verschieden dargestellt und gedeutet: geblieben ist die Zentralbedeutung dieses Erlebnisses.

Das Tragische ist das Leiderlebnis. Nicht der Schmerz, nicht das Unangenehme, nicht das Erlebnis des Widerstandes ist tragisch. Erst wenn Schmerz und Widerstand mehr als flüchtige, überwindbare Affektationen sind; erst wenn Schmerz und Widerstand Konstituentien der Definition Mensch sind, werden sie Leid. Ohne Leid ist die Kreatur nicht Kreatur; ohne Leid ist der Mensch nicht Mensch: das ist das tragische Kernerlebnis, das e i n e Tragische hinter den bunten Sprachen der Zeiten. Hebbel sagt: „Das Tragische muß als ein von vornherein mit Notwendigkeit Bedingtes, als ein, wie der Tod, mit dem Leben selbst Gesetztes und gar nicht zu Umgehendes auftreten."

Die Tragödie ist die Objektivierung des tragischen Erlebnisses im Drama. Die Tragödie sagt: so sieht eine Welt aus, die den Menschen als Leidwesen schaffen konnte.

Die Aussage der Tragödien wandelt sich: äußerlich, je nach dem konkreten Leid, das der Tragiker sieht; wesentlich, je nach der Deutung, die er dem Leid gibt.

Die Antike deutet das Leid, indem sie es kosmisch ableitet, indem sie durch eine Spaltung der Gottheit das Leid im leidlosen Gott ausbrechen läßt. Mit gewaltigstem Pathos bildet sie den leidenden Menschen. Aber der ist nicht ein Faktum brutum, eine Kuriosität des Daseins, sondern ein notwendiges, motiviertes Lebensgebilde innerhalb eines notwendig tragischen Universums.

Das christliche Mittelalter, das bis zu Schillers, Goethes und Hegels Tod wirksam ist, ordnet das Leid einem leidbefreiten Kosmos ein; im Paradies war der Mensch ohne Leid; am Jüngsten Tag wird der Mensch ohne Leid sein.

Shakespeare und die nachgoethesche Moderne sprechen das Leid nur aus. Sie deuten nicht und erlangen so keine Überwindung des Leids; sie stellen den leidenden Menschen nur noch isoliert, nicht mehr als Glied des Universums dar. Sie schreiben nicht mehr eine Tragödie des Weltalls wie Aeschylus und Schiller; nur noch eine Tragödie des Menschen.

Die Tragödie des Aeschylus hebt das Lastende des menschlichen Leids auf durch die Einsicht in das göttliche Schicksal.

Die Passion Christi, der Heldentod im klassischen deutschen Drama hebt das Lastende des menschlichen Leids auf durch die Gewißheit der Erlösung: „Wer immer strebend sich bemüht, den können wir erlösen." „Die Tragödie" – sagt Schiller – „umfaßt alle möglichen Fälle, in denen irgendeine Naturzweckmäßigkeit einer moralischen oder auch eine moralische Zweckmäßigkeit der andern, die höher ist, aufgeopfert wird."

Diese Tragödie ist eine frohe Tragödie. Im Gegensatz zur tragischen Tragödie der Moderne und zur kosmischen Tragödie der Antike. Schiller mußte das griechische Drama ablehnen, „weil in allen diesen Stücken zuletzt an die Notwendigkeit appelliert und für unsere Vernunft fordernde Vernunft immer ein unaufgelöster Knoten zurückbleibt. Aber auf der höchsten und letzten Stufe, welche der moralisch gebildete Mensch erklimmt, und zu welcher die rührende Kunst sich erheben kann, löst sich auch dieser, und jeder Schatten von Unlust verschwindet mit ihm. Dies geschieht, wenn selbst diese Unzufriedenheit mit dem Schicksal hinwegfällt und sich in die Ahnung oder lieber in ein deutliches Bewußtsein einer teleologischen Verknüpfung der Dinge, einer erhabenen Ordnung, eines gütigen Willens verliert. Dann gesellt sich zu unserem Vergnügen an moralischer Übereinstimmung die erquickende Vorstellung der vollkommensten Zweckmäßigkeit im großen Ganzen der Natur, und die scheinbare Verletzung derselben, welche uns in dem einzelnen Falle Schmerzen erweckte, wird bloß ein Stachel für unsere Vernunft, in allgemeinen Gesetzen eine Rechtfertigung dieses besonderen Falles aufzusuchen und den einzelnen Mißlaut in der großen Harmonie aufzulösen. Zu dieser reinen Höhe tragischer Rührung hat sich die griechische Kunst nie erhoben, weil weder die Volksreligion, noch selbst die Philosophie der Griechen ihnen so weit voranleuchtete. Der neueren Kunst, welche den Vorteil genießt, von einer geläuterten Philosophie einen reineren Stoff zu empfangen, ist es aufbehalten, auch diese höchste Forderung zu erfüllen und so die ganze moralische Würde der Kunst zu entfalten". Die Moderne steht der Antike näher als der deutschen Klassik. Beide – Moderne und Antike – kennen keine kosmische Erlösung. Hebbels Drama steht der Antike am nächsten. Hebbel ist ebenso wie Schopenhauer ein Zwischen; in ihm lebt noch der Wille zur Sinndeutung der Welt; und in ihm wirkt schon die tragische – nicht mehr bis zur Weltdeutung hingelangende – Tragödie. Hebbel versucht – ebenso wie die Antike – die tragische Deutung des Kosmos. Er erkennt – wie Schopenhauer –, daß „das Leben als Vereinzelung, die nicht Maß zu halten weiß, die Schuld nicht bloß zufällig erzeugt, sondern sie notwendig und wesentlich mit einschließt und bedingt". Echt griechisch ist die Einsicht: „In der Maßlosigkeit liegt die Schuld, zugleich aber auch, da das Vereinzelte nur darum maßlos ist, weil es, als unvollkommen, keinen Anspruch auf Dauer hat und deshalb auf seine Zerstörung hinarbeiten muß, die Versöhnung ... Diese Schuld ist eine uranfängliche, von dem Begriff des Menschen nicht zu trennende ... sie hängt von der Richtung des menschlichen Willens nicht ab, sie begleitet alles menschliche Handeln."

Es liegt im Wesen tragischer Weltdeutung, daß sich das Urmysterium des Tragischen nicht deuten läßt. Weder Aeschylus vermochte den Ursprung des Leids abzuleiten noch Schopenhauer: die tragische Deutung läßt „eine Dissonanz unerledigt, und zwar die ursprüngliche Dissonanz, die es von Anfang an überging, indem es die Vereinzelung, ohne nach der Causa prima zu forschen, als mit oder ohne Kreation unmittelbar gegebenes Faktum hinnahm, es läßt daher nicht die Schuld unaufgehoben, wohl aber den inneren Grund der Schuld unenthüllt". So gelangt Hebbel ebensowenig wie die Antike zu einer übertragischen Ableitung des tragischen Grundphänomens; nur zur Einsicht in die irdische Verästelung des Tragischen, während die mittelalterlichen Mysterienspiele und das tragische Drama der deutschen Klassik das Tragische einem untragischen Kosmos einordneten. Auch Hebbel dichtete ebenso wie Aeschylus, aber auch ebenso wie Schiller den Todesjubel: das Höchste, was das tragische Drama erreicht, „ist die Satisfaktion, die es der Idee durch den Untergang des ihr durch sein Handeln oder durch sein Dasein selbst widerstrebenden Individuums verschafft, eine Satisfaktion, die bald unvollständig ist, indem das Individuum trotzig und in sich verbissen untergeht und dadurch im voraus verkündigt, daß es an einem anderen Punkt im Weltall abermals kämpfend hervortreten wird, bald vollständig, indem das Individuum im Untergang selbst eine geläuterte Anschauung seines Verhältnisses zum Ganzen gewinnt und in Frieden abtritt". Diese Läuterungsfreude teilt Hebbel mit Aristoteles — und Schiller. Aber Hebbel, der Zeitgenosse Büchners, fährt fort: „Doch dies genügt auch im zweiten Fall nur halb, denn wenn der Riß sich auch wieder schließt, warum mußte der Riß geschehen? Hierauf habe ich nie eine Antwort gefunden, und keiner wird sie finden, der ernstlich frägt." Hebbels Drama steht hart am Beginn der tragischen Tragödie, die keine „Satisfaktion" mehr kennt, da sie keine Weltidee kennt, der das Individuum Satisfaktion geben müßte.

Die absolute Tragik der tragischen Tragödie ist das Leid

ohne Sinn. Leid ohne Sinn ist gesteigertes Leid. Erst die Moderne – seit Kleist – versagt dem Leid seinen Sinn.

Dem Aristoteles war die Tragödie eine seelische Reinigung. Goethe, obwohl selbst noch ein (im Verhältnis zur kommenden Ära) untragischer Mensch, hatte doch „Sturm und Drang“, Kleist und der Romantiker Schicksal erlebt – und fürchtete sich vor der Tragödie.

Dem Aristoteles war die Tragödie Befreiung vom Leid. Das ausgesprochene, dargestellte Leid konnte den Druck des erlebten Leids mildern, da es als berechtigt, als sinnvoll erfaßt wurde.

Goethe, an der Peripherie des christlichen Mittelalters, Grenzwächter gegen die Romantik, war die Tragödie Belichtung des Leids, Häufung des Leids. Goethe hatte eine Scheu vor der Tragödie, trotzdem sein Zeitgenosse Hegel schrieb: „Nur dann ist nicht das Unglück und Leiden, sondern die Befreiung des Geistes (die Katharsis) das letzte, insofern am Ende die Notwendigkeit dessen, was dem Individuum geschieht, als absolute Vernünftigkeit erscheinen kann und das Gemüt wahrhaft sittlich beruhigt ist: erschüttert durch das Los der Helden, versöhnt in der Seele.“ Goethe erkannte wohl schon innerlich, daß die Erschütterung stärker als die Versöhnung, als der Glaube an die Erlösung. Und Leid aussprechen, im Wort konzentrieren, ohne ihm einen Teil seiner Schwere durch geistig motivierende Bewältigung nehmen zu können, ist Leidverstärkung.

Vielleicht gingen die Griechen aus der Orestie-Premiere in harmonischer Aufgewühltheit nach Hause, wenn man auch nicht Platons Verdikt in seinem Buch über den „Staat“ vergessen darf: „Die Tragödie, weit entfernt, den Menschen sittlich zu bilden und zu kräftigen, demoralisiert ihn vielmehr; denn während *es darauf ankommt, ihn gegen Leiden und Leidenschaften zu stählen* und tapfer zu machen, verweichlicht sie ihn, indem sie die Empfindung des

Mitleids mit dem allgemeinen Menschenlose in ihm nährt und großzieht und nicht nur dieser, scndern allen anderen Leidenschaften Tor und Tür öffnet. Der Zuhörer und Zuschauer der Tragödie und der Komödie leidet Schaden an seiner Seele, und selbst der Beste kann sich ihres schädlichen Einflusses kaum erwehren. Denn was wir im Leben nur mit Mühe in uns zügeln, die Neigung zu unmäßigem Schmerz- und Trauergefühl auf der einen, und die Neigung zu leichtsinniger Verlachung menschlicher Dinge auf der anderen Seite, das erhält dort durch die Tragödie, hier durch die Komödie Nahrung und Förderung. Wir überlassen uns dem schrankenlosen Mitgefühl mit dem Leidenden um so mehr, da wir uns sagen, daß es ja fremde Zustände und Leiden sind, an denen wir teilnehmen, und da die Leidenden als gute und unserer Teilnahme würdige Menschen vom Dichter dargestellt werden. Aber die fremden Zustände haben Einfluß auf den eigenen Zustand des Menschen, und die Lust an Leid und Klage, die er bei jenen in sich aufgenährt hat, wird er bei den eigenen Leiden gleichfalls nicht mehr zu zügeln vermögen." Plato war tragischer gestimmt als sein Antipode Aristoteles. Deshalb bekämpfte er als Grieche — die Tragödie. Die griechischen Tragiker bekämpften das Tragische durch die Tragödie.

Richard II. Königsschicksal, Penthesileas Liebesrasen, Herodes' Mißtrauensorgie, Woyzecks Passion, der „Totentanz" der Geschlechter peitschen uns auf, ohne daß nach der Entladung der seelischen Spannungen am Horizonte unserer Seele ein friedlicher Abgesang die zerrissenen Klänge binden würde. Allerdings: jede Gestaltung bringt Ruhe; jede schöpferische Distanzierung mindert das Leid, auch wenn die zur Schöpfung notwendige Erlebnis-Intensität das Leiderlebnis zunächst verstärkt. Grabbe hat recht: „Der Ätna hat am meisten Ruhe, wenn er das meiste Feuer speit." Ohne die Gabe der aktiven oder imitierenden Produktivität wäre das Leid unerträglich. Die Produktivität ist der andere Pol, der zur Definition des Menschen ebenso gehört wie das Leid. Aber: von dieser selbstverständlichen Ausbalancierung übermächtigen Leidens abgesehen, kann der moderne Mensch sich nicht mehr vom Leid erlösen durch Einordnung des Tragischen in einen universalen Sinnzusammenhang.

Mit Shakespeare und Heinrich von Kleist begann unsere Tragödie, die tragische Tragödie. Die tragische Tragödie ist eine Tragödie des Menschen; nicht des Weltalls. Und – da es hier keine Überwindung des Tragischen gibt – eine Tragödie des Zustands, nicht der Entwicklung. Im Verlauf der Orestie wird der Atridenfluch getilgt. Im Leben der „Jungfrau von Orleans“ wird der Abfall von der göttlichen Mission gesühnt. Dantons Tod, Hetmanns Selbstmord, des Kassierers Flucht in die Welt von morgens bis Mitternacht ist Beginn und Ende zugleich. Die tragische Seele singt sich aus: innerhalb einer Welt, die nur die von ihr reflektierte Welt ist, die keine Sonderexistenz hat. Moderne Tragiker, die in ihren Tragödien Welt darstellten, ohne sie auf die tragische Seele zu beziehen, haben leere Stellen. Kleist, Grabbe, Wedekind haben leere Stellen in ihren Werken. Georg Büchner schuf die vollkommenste moderne Tragödie, weil er die tragische Seele am weitesten ausgespannt hat. Die moderne Tragödie kennt kein Weltall; nur Weltfragmente. Aber sie kennt die eine Seele, die sich in allen Fragmenten als ewig dieselbe spiegelt und ihnen so eine Einheit verleiht, die sie von sich aus nicht haben.

Die christlich-humanistische Tragödie befreite den Menschen vom Leid durch die Gewißheit der schließlichen Erlösung. Die antike Tragödie entlastete den Menschen durch seine Einbeziehung in einen universalen, wenn auch tragischen Weltsinn.

Die moderne Tragödie ist nur noch ein Schrei der Kreatur; nicht Überwindung, nicht Abschwächung des Leids: nur Verdichtung und Formulierung, als letzte, einzig noch mögliche Reaktion. –

✡

Kapitel II

Aeschylus, Die Gegenwartsbedeutung des antiken Dramas

Wir leben seit einem Jahrhundert in einer geistigen Revolution. Wir sind nicht mehr Epigonen; wir haben noch keine eigene vollendete Kulturform. Wir sind auf dem Wege. Wir haben deshalb noch Vergangenheit und Zukunft. Wenn es uns überhaupt noch einmal beschieden sein sollte, die Einheit der geistigen Welt wieder herzustellen, dann werden wir nur noch Gegenwart haben. *Unser* Beruf ist Vorbereitung der Zukunft. Und eben deshalb dürfen wir uns die Last der Vergangenheit noch nicht von der Schulter wälzen. Epigonen sind *Sklaven* der Vergangenheit; und wie uns Nietzsche dieses Sklaventum abgenommen hat, so ist er einer der größten Fesselbrecher der europäischen Menschheit gewesen. Aber nur *das* Geschlecht, das unter einer zentralen Kulturidee lebt, hebt mit Recht rücksichtslos die Vergangenheit auf. Denn: die Vergangenheit ist dann organisch in der Gegenwart aufgenommen. Wir aber sind die Vorbereitenden. Wir haben die Kontinuität der Geschichte des geistigen Menschen zu verantworten. Wir haben das Erbgut vergangener Jahrtausende auf ihren Zukunftswert zu sichten. Wir haben die griechisch-römische Antike, das christliche Mittelalter und die geistigen Bewegungen, die es sprengten, aber wir haben auch die außereuropäischen Ostkulturen nicht nur zu *genießen*, sondern zielhaft zu prüfen. Wir können es uns nicht gestatten, im

Anblick dieser Vielfältigkeit der Kulturgestalten uns nur schlicht des geistigen Reichtums zu erfreuen. (Ästheten dürfen wir erst wieder sein, wenn sich das Substantielle von selbst versteht.) Wir können es uns aber auch nicht gestatten, das Gewesene gewesen sein zu lassen, um ganz nur unser Kultur-Ich auszuformen und darzustellen, weil eben dieses Ich noch nicht da ist. So haben wir in allem die rückwärts gewandten Vorwärtsblicker zu sein.

Ein rückwärts gewandter Vorwärtsblick ist auch der kommende Gedankengang, der auf das antike Drama geht. Das Drama hat für jede Kultur eine zentrale Bedeutung. Das Drama ist die konkreteste Philosophie einer Zeit. In ihm verdichtet sich das Leben einer Zeit konkreter als in der Philosophie; auch konkreter noch als in der Musik, den bildenden Künsten und den anderen Formen der Wortkunst. Es hat allen anderen Kulturgebilden, welche die Essenz einer Lebenseinheit auszudrücken streben, voraus, daß hier am wenigsten Abstraktion von der Wirklichkeit (der gehörten und gesehenen, der gefühlten und gedeuteten, der bewegten und ruhenden) nötig ist, um zur Wahrheit zu kommen. In steigendem Maße wird die Vieldimensionalität des Lebens verringert: im Roman und in der Plastik, in Malerei, Lyrik, Architektur und Musik; und zwar bald durch Transposition der reichen Mannigfaltigkeit sinnlicher Qualitäten in wenigere oder gar nur eine, bald sogar durch ihre teilweise Zerstörung. Im Drama kann die wirklichkeitsnächste Abbildung des Lebens verschmolzen werden mit der stilisiertesten Betonung seines Wesens. Im Drama kann die letzte, umfassendste, abstrakt-philosophische Relation einer Zeit aus ihrem individuell-zufälligsten Alltagskolorit hervorleuchten. Dies kann keinem anderen Werk der Kultur gelingen: vom einfachsten Abklatsch des Lebens sich zu erheben bis zur Rundung des Kosmos. Es kann nur dem Drama glücken, weil dieses allein die elementarsten Bedingungen für die Abbildung des Lebens erfüllt: indem es die Welt aus redenden Ichen aufbaut. Allerdings ist so beim Drama auch die größte Gefahr, von der Wirklichkeit verschlungen zu werden. Daher ist der dramatische Naturalismus unvergleichbar und einzigartig. Wenn es überhaupt letzte Aufgabe der Kunst, der Philosophie und Utopie ist: dem Leben sein Spiegelbild zu geben und in ihm zugleich das Spiegelbild seiner Wesentlichkeit, so muß das Gebilde die höchste Möglichkeit haben, welches eben den getreusten Spiegel und die konzentrierteste Essentialität vereinigen kann. Im Drama (prinzipiell: immer Theaterdrama) kann ein Höchstmaß tatsächlicher - unübertragener Vielfältigkeit zur Geltung kommen. Mathematisch gesprochen ist das Drama (noch in der sublimsten Stilisierung) dem Leben ähnlich, während die anderen Künste nur Projektionen von ihm geben.

In der europäischen Kulturentwicklung ist das große Drama wohl viermal erreicht worden: im tragischen Drama der Kleist, Büchner und Hebbel; im übertragischen Drama des christlichen Humanismus; im Shakespeareschen Drama und im antiken Drama. Das Drama der drei großen deutschen Tragiker ragt von einem breiten realistischen Fundament hinauf in die Welt des Metaphysischen. Aber es ist weder ein Zeushimmel noch ein Dantehimmel, der sich über den irdischen Ereignissen wölbt. Es wölbt sich überhaupt kein Über-den-Dingen; dafür ist die Erde rissig geworden. Das Ich ist nicht eingeordnet in eine Welt; es ist selbst Welt; die Welt der Risse, der polaren Spannungen, der tragischen Schwebe. In tausend Variationen klingt überall der Klagegesang des aufgebrochenen Ja—Nein! Dieses Drama ist Exponent unseres Daseins und drängt — wie unser Dasein selbst — zu einer neuen Vereinigung des aufgebrochenen Zwiespaltes.

Dieses Drama ist Ich-Drama, nicht Welt-Drama. Das Ich des modernen Tragikers lebt die neue, ihm vorbehaltene Tragödie, die Welt nicht mehr deuten zu können. Aeschylus' Menschen leben in einem Kosmos, der als Tragödie abläuft;

Büchners Menschen sind tragisch, weil sie gar nicht mehr in einem Kosmos leben. Die disharmonische Tragödie der Modernen ist furchtbarer als je eine Tragödie Europas.

Kann Shakespeare uns wieder zur Welt-Tragödie führen? Zur kosmischen Sinndeutung des Tragischen? Seine Zeit ist vorbei! Seine künstlerische Herrschaft wird wohl bis in die fernsten Tage dauern. Als größter Repräsentant eines Leidenschaftsabsolutismus, eines freudig starken Atheismus, der noch das Liebeswunder der Porzia kennt, wird er uns, die wir furchtbarere, gefährlichere, ketzerischere Atheisten (d. h. Ketzer am Atheismus!!) geworden sind, nicht helfen können, unseren Himmel zu wölben.

Kann die Antike leisten, was Shakespeare nicht vermag? Kann sie in ihrem religiösen Drama uns schenken, was das tragische Drama unserer Ära nicht erfüllen kann, und was auch vorher der „Faust" nicht erfüllt hat, weil sich über seiner Epoche statt des Himmels nur die dünne Luftschicht der Humanität wölbte, und weil Goethe bei seinem Harmonisierungsinstinkt Fausts klaffende Wunde doch nur mit dem harmlosen Pflaster bürgerlicher Tugend zuklebte und als ein übriges noch alle irdischen Abgründe mit dem überladenen Prunk des katholischen Himmels verdeckte? Kann heute die Antike leisten, was Shakespeare und die nach ihm nicht vermochten?

I.

Das religiöse Drama der Antike ist das Drama des Aeschylus! Der Weg über Sophokles zu Euripides ist der Weg fortschreitender Verblassung des religiösen Gehaltes, und Euripides ist etwa ein älterer, künstlerisch kraftvollerer, aber dialektisch schwächerer Bruder Hebbels.

Es gibt eine radikale Partei, die glaubt, alle Größen der Vergangenheit sind quälende Vampire und autoritative Götzen der Gegenwart und von den unabhängigen Menschen als solche zu entlarven. Und es gibt eine andere Partei, die meint, daß sich in überragenden Geistern die Ewigkeit stabilisiert hat, und daß an ihrem Rock kein Knopf blind würde unter dem Anhauch der Zeit.

Jede große geistige Gestalt ragt durch drei Schichten: die Schicht unvergänglicher Tatsachen, die Schicht vergänglicher Symbole und die Schicht der ewigen Relationen zwischen Ich, Natur und Gott, von denen die eine Relation zu dieser, die andere zu jener Zeit unaktuell sein kann, die aber latent hinter allem Zeitwandel bleiben, weil sie nicht überwunden und erledigt werden können. Denn die letzten, innerlichsten Beziehungen zwischen Ich und Welt sind unüberwindbar. Nur ihre zeitlichen Ausprägungen können überholt werden. Heraklits Aphorismen sind großenteils veraltet. Die Logik des Weltbildes, die in ihnen wirkt, lebt und läßt sich durch keine geistige Entdeckung vernichten. Das Problem des Fortschritts in der Geschichte des Geistes kann nur durch diese Differenzierung der Schichten erledigt werden. Und nur im Vergänglichen, nur in der mehr oder weniger präzisierten, mehr oder weniger adäquaten, mehr oder weniger erschöpfenden Abbildung der Grundintuitionen ist ein Fortschritt möglich.

Diese Schichtung wollen wir auch im äschyleischen Werk wiedererkennen. Wir werden die Unvergänglichkeit der seelischen Urtatsachen seiner Welt, die Vergänglichkeit des konkreten Mythos, der diese Urtatsachen deutete, und die unvergängliche Grundintuition dieser Deutung, deren vergänglicher Leib der konkrete Mythos ist, unterscheiden.

Hebbel schrieb einmal in sein Tagebuch ein: „Homer-Ilias. Es ist unstreitig das unvergänglichste Gedicht, unvergänglicher als Shakespeare und alles; denn es hängt nicht wie alles Spätere von den menschlichen Gedanken über die Welt ab, nur von der Welt selbst." Ewig sind die großen Tatsachen von Treue und Freundschaft, von Eifersucht und Ruhmgier; von Herrschsucht und Trotz; von Leid und Hoffnung. Ewig sind die elementaren Beziehungen zwischen den Menschen. Oder haben mehr als zweitausend Jahre den tatsächlichen, elementaren Situationen und Empfindungen der Aeschylusmenschen etwas rauben können? Ein König ist lange Zeit von Hause fort; als er zurückkommt, mordet ihn sein Weib, das sich inzwischen mit einem anderen eingelassen hatte. Ein Volk ist geschlagen und jammert um seine Toten und seine Not. Frauen zittern, wenn sie den Krieg nahen hören und jubeln, wenn ihnen Freunde Schutz gewähren. Der Diener ballt in der Tasche die Faust über die Willkürherrschaft des weibischen Tyrannen und hilft bereitwilligst dem geborenen Herrn. Und nicht nur in einzelnen, isolierten, primitivsten Seelenäußerungen, sondern auch in den Charakteren, vor allem in e i n e m Charakter ist hier die Unvergänglichkeit erreicht: in der erhabenen, namenlos schönen Gestalt des gefesselten Prometheus: hier ist der Typus Mensch vorgezeichnet, der in irdischerem Format als Sokrates und Christus, als Spinoza und Nietzsche über diese Erde gegangen ist. Ein Übermaß von zarter Liebe und ein Übermaß von herber Energie für seinen Beruf, ohnmächtigster Aufschrei des Kreatürlichen und souveränes Überheben über alle Mächte, einsamste Inselseele und Stern eines wachsenden Gefolgschaftsbundes: so lebt Prometheus im Gedächtnis der Menschheit, das erhabenste, gewaltigste Geschöpf eines schöpferischen Menschen.

Diese Seelenschicht ist neutral gegen jeden Zeit- und jeden Völkerunterschied. Und diese ewiggültigen Erlebnisse, von einem Sprachfürsten höchsten Ranges in das Wort eingeschmiedet, bilden den unvergänglichsten Kern des Aeschyluswerkes, der ihm noch heute, nach zweieinhalb Jahrtausenden, Macht über uns verleiht. Dieser unveränderliche Bereich unserer Seele, in allem Zeitwandel bleibend, und die artistische Meisterschaft der Gestaltung gibt das Recht und die Pflicht, das Werk des antiken Tragöden dem Kulturgut der Gegenwart einzureihen.

II.

Rache und Zorn, Ehebruch und Mord, Trauer und Freude sind die Elemente einer jeden Welt. Aber: wie sie zusammengefügt sind, nach welchem Gesetze sie einander folgen, nach welcher Ordnung sie sich suchen und fliehen: das unterscheidet die Welten; das unterscheidet auch die Geister, welche Welten schufen. Erst die Deutung der Tatsachen, der Sinn, nach welchem sie zusammengeschlossen werden, ist der Kern jeder Welt; denn ein anderes ist es, wenn Sophokles oder wenn Shakespeare vom Menschen redet, wenn Empedokles oder wenn Christus von Liebe spricht. Eine jede Welt offenbart nun ihr Geheimnis vielleicht am sichtbarsten in ihrer Schicksals- und ihrer Gottesidee. Und beide sind eins: denn Schicksal ist der Weg Gottes im Menschen; und Gott ist das Gesamte, der Urpunkt der menschlichen Schicksale.

Mit Recht sagte kürzlich einer: „Griechische Dramen, das waren Stierkämpfe zwischen Menschen und Göttern.“ Der Kampf zwischen Mensch und Gott ist der einzige Kampf im Drama (besser: vor dem Drama) des Aeschylus, da im Drama nicht mehr Kampf, nur noch Exekution der Sieger ist. Menschenkämpfe, Kämpfe zwischen irdischer Leidenschaft und irdischer Leidenschaft, sind hier nie (wie bei Shakespeare!) letzte Konflikte. Und Ideenkämpfe, dialektische Kampfritte der Ideen gegeneinander gibt es wohl erst seit dem platonischen Dialogdrama. Was sind das nun für Menschen, die mit der Gottheit kämpfen? Und was sind das für Götter, die gegen Menschen fechten?

Die Menschen sind hier nicht um ihrer selbst willen da. Sie sind weder Sieger eines irdischen Wollens, noch Märtyrer eines irdischen Ziels, noch sind sie – wenigstens bei Aeschylus und Sophokles – interessante Seelenstudienobjekte für einen realistisch-psychologischen Feinschmecker; sie werden nicht gelegentlich von hundert Situationen des Lebens in den faltigsten Stellen ihrer Seele beleuchtet; nicht aus Mangel an

Können, weil psychologisches Kennertum und psychologische Darstellungstechnik noch nicht bis zur nötigen Reife gediehen wären — man darf den Stil überragender Dichter nie vom Können, nur vom Willen her interpretieren; der Kunstwille schafft sich erst die ihm angemessene Artistik —, sondern aus expressionismusähnlichen Motiven nicht, weil das zufällig Individuellste als unerheblich, als belanglos eingeschätzt wird. Die Wächter, die Diener, das Kollektivum der Chöre reflektieren ganz selten einmal die typische Seelenverfassung ihrer sozialen Stellung. Sonst tragen sie nur die Handlung fort, die auf wenigen Menschen ruht. Und diese Wenigen, die Helden, die Exponenten der Menschheit? Sie sind weiter nichts als eine wesentliche Beziehung: die zu den Göttern. Sie sind über die Individualisierung durch die Situation hinaus weder sinnlich-psychisch noch ideelich individualisiert: ihr Schicksal ist unabhängig von ihrer Persönlichkeit; sie haben überhaupt keine Persönlichkeit, sie haben nur Trotz: all die Klythämnestra oder Prometheus oder Xerxes. Erst die innigere Beziehung zwischen Mensch und Gott, durch den Pantheismus der Stoa und die Mittelwesen des Neuplatonismus eingeleitet und in der Mittleridee des Christentums zur Religion geworden, bereitet die moderne Schicksalsidee vor; der moderne Europäer Hebbel sagte gerade gelegentlich seiner Griechentragödie „Gyges und sein Ring“: „Das Schicksal entsteigt einzig der menschlichen Brust.“ In der Schicksalsidee der Antike verzehrt die göttliche Notwendigkeit das Individuum. In der Schicksalsidee der Moderne hat das Individuum sich zur Absolutheit geweitet. Vielleicht hätte dem christlichen Mittelalter ein großes Drama entsprießen können; hier würden Gott und die selbständige Individualität zusammengewirkt haben an der Gestalt des menschlichen Lebens. Als Schiller dies Drama schrieb, war das religiöse Band zwischen dem Menschen und seinem Gott schon wieder lockerdünn geworden.

Agamemnon, Prometheus, die Söhne des Ödipus, der geschlagene Perserkönig Xerxes: sie sind – gerade als Empörer – die Verkünder menschlicher Ohnmacht und göttlicher Allmacht. Der Mensch wirkt nicht mit an seinem Schicksal. Aber bewirkte nun Prometheus nicht gerade durch seinen Göttertrotz sein Los? Bewirkten der Stammvater des Agamemnonhauses und der Ahn der Perserkönige nicht durch Frevel an den Göttern ihr Los? Prometheus und diese Stammväter alle sind mehr als Menschen; sie sind Halbgötter, Vorläufer der Heiligen in der heidnischen Welt; dort angesiedelt, wo Mensch und Gott zusammen wohnen. Aber wie eben für solche Mittlerwesen in der Antike kein Platz ist, so gehen sie auch alle an dieser Mittlerstellung zugrunde; ihr Typus stirbt aus. Sie sind nicht religiöse, sondern genealogische Mittler. Sie sollen nicht erlösen, sondern Mensch und Gott blutmäßig verbinden. Hinter den Menschen-Tragödien des Aeschylus wirkt die Gott-Tragödie. Denn die Menschen: Agamemnon, Xerxes, Eteokles sind dem ehernen Geschick unterstellt, das über ihr Geschlecht verhängt ist. *Ihre* Empörung, *ihr* Titanentum ist schon ein Ausfluß des Fluches, der auf ihrem Geschlecht lastet und führt letztlich auf eine Urspaltung in Gott zurück. Man hat Ibsen mit der antiken Tragödie darin verglichen, daß man es für eine beiden gemeinsame technische Eigenschaft hielt, mit dem fünften Akt, der Katastrophe, einzusetzen. Doch, was bei Ibsen vorausliegt, ist aus dem gleichen Weltstoff, Geschehnis in der gleichen Weltdimension. Die mythischen Vorgeschichten des Aeschylus spielen sich aber (gewissermaßen!) bei der Weltschöpfung, gewissermaßen in Gott selbst ab! Aeschylus setzt mit dem fünften Akt ebenso wie Ibsen deshalb ein, weil das Leben schon immer fünfter Akt ist. Aber: Aeschylus' Drama ist der fünfte Akt einer kosmischen Tragödie; Ibsens „Gespenster" sind der fünfte Akt einer zufälligen Konstellation. Wenn Prometheus und Tantalus, der Ahnherr des Agamemnon, eigenen Willen und eigene Lebensdirektion haben, so liegt das am Anfang der Zeiten, nicht in der Zeit selbst. Alle menschliche Aktivität, aller Urbeginn von Handlungen liegt am Beginn der Zeit, als großes Urrätsel, als geheimnisvolles Tun der Gottheit. Die Morde der Orestie leiten kein Weltgeschehen ein, sondern sind nur Etappen zu einem Abschluß. Oswalds Vater leitet eine Tragödie ein.

Aber haben nicht Klytämnestra und Elektra und Aegisth ihre eigenen, durchaus individuell-menschlichen Ziele und Strebungen? Es scheint doch gar nicht so, als wären diese Menschen nur Maschinen, von Göttern in Bewegung gesetzt. Spaltet man ihre Handlungen auf, durchleuchtet man ihre Motive, so findet man ganz persönlich-individuelle Leidenschaften als Triebfedern und findet gar nicht nur immer das Gängelband der Gottheit. Und doch: so geschlossen auch der Kreis der menschlichen Motive scheinen mag: sie sind doch nicht (wie bei Shakespeare!) die letzten Elemente, aus denen menschliches Handeln erwirkt wird. In der menschlichen Handlung und durch sie vollzieht sich das Walten der Götter. Menschliche Freiheit und göttliche Notwendigkeit werden in eins gesetzt. Hegel nannte es später die „List der Vernunft", daß sie die menschlichen Ziele und Strebungen benutzt zu ihrem eigenen Ziel. Aber wie diese Ineinssetzung von göttlichem Willen und menschlicher Freiheit oder (weniger theologisch gesprochen) von Sinn und individuell-zufälliger Wirklichkeit möglich ist, das ist logisch ein Rätsel, und im Kunstwerk des Aeschylus stellt sich dieses Rätsel als Zwiespältigkeit der Motivierung dar. Die beiden Verursachungen, die göttliche und die individuell-seelische, laufen nebeneinander her: bald regiert Gott, bald die menschliche Seele: und meistens hat die Gottheit die Führung. Hier, in dieser Doppelmotivierung, in diesen Doppelimpulsen aus der Götter- und Menschensphäre, stehen wir im innersten Gefüge der Aeschyluswelt, dort, wo der Dichter selbst den bedrängenden Fragen nicht mehr gewachsen war. Aus welchen Gründen handelte Klytämnestra? War sie nicht im Dienste des Fluches, der über dem Atridenhause schwebte? Oder rächte sie doch aus eigenem die Opferung ihrer Tochter Antigone und entledigte sich aus eigenem gerne des ungeliebten Mannes? Und wie war es mit Aegisth? Wirkte in ihm der Rächer, die Pietät gegen seinen beleidigten Vater und die Liebestollheit des Nebenbuhlers? Oder stand auch er im Dienste des Atridenfluches? Und wie steht es mit Orest, dem Apoll gebietet, wozu ihn das eigene Blut treibt? Und wie steht es mit Eteokles, der dem Oedipusfluch dient – und zugleich seiner eigenen Rachsucht?

„. . . . . der Ahnen Fluchgeist
Stand wohl helfend zur Seite",

so löst der Chor der Klytämnestra die Doppeldeutigkeit auf. Diese Deutung ist eine Verschleierung. Ja: Klytämnestra macht sich sogar diese Doppeldeutigkeit zunutze und spielt die freche Fatalistin, die ihre geile Tat der Vorsehung zuschiebt. Sind die Ausflüchte Klytämnestras dem Aeschylus ernst? Hier ist der Ursprung einer furchtbaren Antinomie? Der Chor sagt, nachdem Eteokles Theben vor dem Ansturm der Sieben gerettet hat:

„Nächst Zeus' Allmacht und der Ewigen Hut
Hat er ja die Stadt der Kadmeier bewahrt."

Daß diese polare Spannung zwischen Gott und Mensch die Harmonie des Gesanges der griechischen Greise nicht gesprengt hat, ist ein erneuter Beweis für das Übergewicht der Gottheit. Menschliches Aufrichten ist Episode. Der Mensch ist kein Mittelpunkt, sondern ein Endpunkt.

Am Ich, nicht im Ich vollzieht sich das Schicksal. Wenn es der Charakter der gesamten modernen Tragödie ist, daß Gott nichts mehr ist neben den Ichs, so sind in der antiken

Tragödie die Ichs nichts vor der Gottheit. Und wie die moderne Tragödie oft dazu neigt, sich in der Irdischkeit des Ichs zu verlieren und sein überwirkliches Dasein zu ignorieren, also bis zu seinem Verbundensein mit Gott gar nicht mehr vorzudringen, so ist es Kennzeichen der Antike, daß sie das Erdenleben unter dem verkleinernden Aspekte der Olympier fälschte, wenn auch in Sophokles' Dichtungen der Mensch schon gewachsen ist. Sophokles' Chorlied: „Vieles Gewaltige webt; der Mensch bleibt das Gewaltigste" hätte Aeschylus nicht gedichtet; hier wird zuerst die positive Bedeutung der irdischen, menschlichen Kultur geschildert. Aeschylus' Dramen sind nicht auf Erden mit einem Aufblick zum Himmel gedichtet, sondern im Himmel, nachdem die Erde ein Streifblick getroffen hat. Es ist der homerische Himmel des Zeus und der Athene, des Apoll und der Hera, ihrer Streitigkeiten und Parteiungen und der über ihnen schwebenden Notwendigkeit. Was bedeutet dann aber dem Aeschylus dieser Himmel? Welche Erlebnisse und Erkenntnisse stellt er dar? Ein Abstraktum mit konkretem Behang (wie für unsere Schulauffassung) war er für ihn nicht! Götzen, himmlische Übermenschen (wie für die ungeistigen Schichten seiner Zeit) waren die Götter für ihn auch nicht. Also weder bemalte Denkprodukte (Allegorien), noch konventionelle Dogmen! Sie waren ihm Mythos.

Der Mythos ist die zum Bild geronnene geistige Atmosphäre einer Zeit. Der Mythos ist der zu lebendigen Gestalten verdichtete Glaube einer Zeit. Im Mythos hat die Menschheit ihr Leben zu wenigen überlebensgroßen Gestalten und Situationen vereinfacht und verwesentlicht. Philosophie ging aus dem Mythos hervor als seine abstrakte Einseitigkeit; Kunst ging aus dem Mythos hervor als seine optisch-akustische Einseitigkeit. Und was dann neben Philosophie und Kunst übrigblieb, war späten Zeiten die schale, sinnfremde (sogenannte!) Wirklichkeit. Unsere Ära ist mythenlos; in ihr haben sich Philosophie und Kunst und Leben gegeneinander isoliert; sie haben sich verselbständigt bis zur Zusammenhanglosigkeit. Wir heute streben wieder zur Einheit der Kultur über die Eigengesetzlichkeit einzelner Kulturtendenzen, aber wir wissen auch, daß ein neuer Mythos sich nicht kommandieren läßt.

Aeschylus dichtete noch aus einem Mythos heraus. Er war noch umhegt von einem Gestaltenkreis, in welchem das Leben und sein Sinn verschmolzen waren zu großen typischen Lebensereignissen. Schon merkt man allerdings auch bei Aeschylus ein leises Erzittern des geistigen Bodens, auf dem er steht. Seine Welt hat durch Reflektion schon ihre Naivität verloren. Man darf doch auch nicht vergessen, daß schon sein Zeitgenosse in Ephesus, der „dunkle Heraklit", in seinen gewaltigen Aphorismen Homer und in ihm den Mythos angegriffen hat. Und von Heraklit an reißt ja dann die lange Kette der Denker nicht mehr ab, welche systematisch die Auflösung des Mythos betrieben haben, bis, in der perikleischen Zeit, Xenophanes und seine Schule die mythischen Gebilde zu Allegorien ihrer Philosophie umprägten. Der Aeschylusmythos aber ist noch nicht intellektuell ausgehöhlte Allegorie; er ist andererseits aber auch keine „Realität" mehr. Athene und Apollo sind zwar noch nicht „Verkörperungen" der Gerechtigkeit und der Schönheit, sind aber auch hier nicht mehr Götter eines griechischen Aberglaubens; dazu sind sie viel zu unstarr. „Ein Gott in der Höhe, ob Apollon, ob Pan, ob Zeus", „Zeus, wer Zeus auch immer sei": so spricht kein Priester eines Zeusgötzen. Zeus und Apoll, Athene und die Erynnien sind die gestalthaft angeschaute Wahrheit. Gestalt und Sinn sind in der Zeit mythischen Erlebens und Denkens noch nicht auseinandergetreten. Die reale und die ideale Welt, Menschenwelt und Götterwelt liegen (wie etwa in der Flucht des Orest) noch in einer Wirklichkeitsebene. Die Gorgonen, die nur Orest bei ihrem Erscheinen sieht, sind doch objektiver als die Geister, die nur Macbeth bei der Bankettszene sieht. Und bei Strindberg sind die Geister in seinen sublimiertesten Werken überhaupt nicht mehr räumlich da. –

Wenn wir bis zu den letzten logischen und erlebnishaften Elementen kommen wollen, welche die Welt des Aeschylus aufgebaut haben, dann können wir uns nicht begnügen, die mythische Einheit von Leben, Kunstform und Deutung nachzuerleben, dann müssen wir den Mythos zerspalten und hinter allen farbigen Verkleidungen die Gottheit suchen zu dem menschlichen Ich, das wir schon skizziert haben. Es gibt bei Aeschylus zwei göttliche Regierungen und so zwei menschliche Lebensstimmungen: den Pessimismus des Sklaven, der über sich die Willkürherrschaft einer Tyrannenhorde weiß und den Optimismus des Freien, dem die Götter nur Vollzugsorgane, Funktionäre eines kosmischen Gesetzes sind, der sie als Richter verehrt, für den aber Herr und Diener vor dem Gesetze gleich sind. Immer aber ist die Aeschyluswelt eine religiöse Welt. Nicht einmal die Klytämnestra hätte unter Shakespeares Menschen leben können; denn baut sie auch auf die Stärke ihres Buhlen Aegisth, so ist diese Irdischkeit eben das Stigma ihrer metaphysischen Verfehlung. Alle die anderen aber wandeln dahin im Aufblick zu dem ewigen Sinn, der in den Göttern und ihren Beschlüssen sich auswirkt: „Nun geht es einmal, wie's geht; es erfüllt sich der Spruch des Geschicks; nicht Weinen und nicht Trankspende versöhnt ..."

Ohnmächtiger und doch glücklicher Mensch: denn noch ist es nicht der zufällig herabfallende Ziegelstein, dem er unterworfen ist, sondern ein Weltwille. Dieser hat bis ins einzelne alles vorbestimmt, und es kann auch der Seher und die Kassandra alles prophezeien, da ja die Zeit nicht schöpferisch, sondern nur enthüllend ist. Kierkegaard wies an Sokrates das Fixe, Statische, Unschöpferische des Griechentums nach. Weder Shakespeare noch Schiller hätten mit Fug einen Seher schaffen können. Leidenschaft oder moralische Entscheidung –

beide Impulse setzen etwas Neues in die Welt. Dem Griechen Aeschylus muß das Gebet ohne jede Bedeutung sein:

„Längst harrt des Schicksals dunkles Los;
Fleht ihr darum, erfüllt sich's."

Über dem Menschen lastet eine sinnvolle Notwendigkeit. Sinnvoll: das heißt der Seele des Menschen nacherlebbar. Wie diese Seele des Menschen aber einmal willkürlich und chaotisch und dann wieder von geistiger Gesetzlichkeit ist: so sind auch die Götter dieser Seele.

Die Tyrannisauffassung der Beziehung von Gott zu Mensch ist hier wohl der letzte Ausläufer des Fetischglaubens aller Frühkulturen. Sie entspringt eben der eigenen willkürlichen Zügellosigkeit des Menschen, wie sie etwa in der griechischen zeitgenössischen Tyrannei sich äußerte. Die Götter sind machtvolle Willkürmenschen. Der Mensch ist von ihnen abhängig; aber nicht wie von einem berechenbaren Gesetze, sondern wie von Laune und Zufall. Daher Angst und Ungewißheit. Es entsteht der Pessimismus des Sklaven, der weiß: die da droben sind unberechenbar, so daß ich keine Minute meines Lebens froh sein kann. Der materialistische Pessimist sagt: die Naturgesetze wirken in jedem Moment so unentwirrbar zusammen, daß mein Verstand die Laplacesche Formel nicht finden kann, die mich unabhängig machen würde, da sie mich jeder Überraschung überhöbe; und deshalb, weil prinzipiell der Mensch vermittels seines Verstandes sich über jeden Zufall erheben könnte, sind wissenschaftlich bewegte Perioden einer materialistischen Ära, wie etwa die letzte, meist optimistisch. Der religiöse Pessimist ist unheilbar Pessimist: sein Verhängnis ist prinzipiell unberechenbar. Und doch versucht er es, zu berechnen. Er macht sich die Gottheit rational, indem er ihre Willkür und seine Willkür gleichsetzt. Er schützt sich vor dem „Neid der Götter", indem er sich ängstlich hütet, sie zu beleidigen. So scheut sich Agamemnon, über Purpurteppiche in den Palast zu gehen. Keine ruhige Geborgenheit ist dem Menschen beschieden, da er nicht erkennen kann, wie alles zusammenhängt:

„Der Gesundheit vollblühende Kraft zerstört
Unersättlich sich selbst; denn die Krankheit wohnt
Ihr allzeit lauernd zur Seite.
Segelnd im Glücke, zerschellt
Menschengeschick an verborgener Klippe.

Wirft die Furcht vom reichen Schatz
Einen Teil dann über Bord,
Schleudernd klug mit weisem Maß,
Dann versinkt nicht ganz das Haus."

Alles flüchtig, unfaßbar! Glück flüchtig, Unglück flüchtig!

„Ach, Menschenleben!
Lächelt ihm des Glückes Strahl,
So mag's ein Schatten stürzen.
Grollt das Ungemach,
Löscht eines Schwammes feuchter Hauch
Das düstere Bild."

Die Götter lassen die Menschen schuldig werden. Und nachher verfolgen sie die Schuldlosen. Zeus verliebt sich in Jo. Und seine gekränkte Gattin, die Hera, peinigt sie deshalb und ihre gesamten Nachkommen. Die Menschen werden Prügelknaben der Götter. Und als ungnädig-launische Herren nimmt sie auch der Mensch, wenn er sie zu erpressen sucht durch Hinweis auf Opfergaben, die auch entzogen werden können. Der Priester wird zum Magier, der auf die Götter einwirken will. Und die Gottheit erhält Züge amerikanischer Präsidenten, die Ämter an die Protegés verteilen, sobald sie einmal erst zur Macht gekommen sind. Über allem liegt doch letztlich hier ein Hauch Wehmut, ein Hauch Resignation: ein Arm-sinken-Lassen. Sophokles dichtet:

„Geburten der Sterblichkeit!
Wie muß ich so ganz dem Nichts euch gleichschätzen im Leben."

Die großen Helden fallen am tiefsten. Macht sich nun auch, wie wir gesehen haben, dieser Anarchismus des Himmels und Pessimismus der Erde noch so stark geltend, immer wieder bricht die Verkündung von dem ethischen Sinn der Gottheit durch, und die Willkürauffassung wird als antiquiert verleugnet.

„Einer sprach wohl:
‚Der Götter Stolz achtet's nicht, wenn ein Mensch
Das Heilige frech niedertritt!'
Er sprach ein unfrommes Wort."

„Ein greiser Spruch aus der Väter Zeiten sagt:
‚Des Glückes volle reiche Frucht, stets gebiert sie Neues,
Sie stirbt nicht, kinderlos verwelkend;
Und in des Glückes blühendem Schoß
Wuchert auf unersättlich Unheil.'
Ich indes lobe den Spruch nicht;
Denn des Gottverächters Untat,
Sie gebiert mehrere nach, zeugt ein Geschlecht ähnlich der Mutter.
Doch übt die Tugend ein Haus,
Erbt auf Enkel das Heil fort."

Bedeutsame Zeichen, wie die Idee einer Willkürherrschaft der Götter vor der Idee ihrer ethischen Mission gewichen ist, und wie (am Ende der Orestie) der Mensch selbst zum moralischen Richter eingesetzt wird: Heraklit hat über Homer gesiegt, die Theologie wird Moralphilosophie, die subjektivierende Verinnerlichung des Götterhimmels beginnt. Die Götter sind nicht mehr in den Himmel versetzte Menschen, Wesen mit Streit und Liebe, Neid und Freundschaft (nur sorgloser, mächtiger, ewig lebend!), sondern sie sind Richter, Anwälte, Tribüne; und zwar nicht aus eigener Machtvollkommenheit, sondern von der Ananke, dem Weltgesetze, her. Ein Streit der Götter, wie der zwischen Apoll und den Erinnyen, ist nicht auf Macht, sondern auf Recht gestellt. So ist es auch nicht mehr möglich, die Götter durch Gebet zu beeinflussen. „Kein Menschenflehen besänftigt uns", künden die Erinnyen. Die Ananke, das Weltgesetz, schließt durch seine Unpersönlichkeit, durch seine Sachlichkeit jede subjektive Willkür aus. Daß die Griechen über die mächtigsten Götter noch die unpersönliche „Notwendigkeit" setzten, besagt, daß sie an einen objektiven Sinn glaubten jenseits der Zielsetzungen, wenn auch noch so erlauchter, noch so göttlich-erhabener Individualitäten.

„Wer führt das Steuerruder der Notwendigkeit?
Der Moiren Dreizahl und die Straferinnyen!
So wäre Zeus unmächtig gegen ihre Macht?
Dem vorbestimmten Lose kann er nicht entfliehn."

Diese höchste Notwendigkeit ist aber nicht die kausal-mechanische des modernen naturwissenschaftlichen Weltbildes und nicht der antikisierende Fatalismus moderner Klassik und Romantik. Sie ist nun aber auch nicht eine geistige Notwendigkeit, wie sie der deutsche Idealismus beschrieben hat als eine bestimmte geistige Entwicklung des Menschengeschlechts. Die Idee der geistigen Entwicklung konnte die Antike nicht hervorbringen. Ihr Reich des Geistes ist ein fester Kanon. Die Ananke mit ihren Dienerinnen, den Erinnyen, das religiös verankerte Sittengesetz mit seiner Exekutive ist das Regulativ, das dafür sorgt, daß der Kosmos nicht zum Chaos wird: die antike Welt ist statisch, die moderne dynamisch aufgebaut.

„Wer fällte, fällt;
Wieder büßt der Mörder.
So lange Zeus waltet,
Waltet dies Gesetz.
Wie jeder tut,
Also muß er leiden."

„Das Glück, das ist der Gott der Menschen,
Ist noch mehr als Gott.
Doch einen rafft am hellen Tage
Des Rechtes Wage schnell dahin;

Den drückt sie machtvoll, säumend zwar
Im Dämmerlicht nieder in Staub;
Den hüllt ewige Nacht ein."

Die tiefsten Bezüge griechischen Weltgefühls offenbaren sich hier. Das Metron, das Maß, die gerechte Verteilung: das ist das letzte und höchste ethisch-metaphysische Prinzip.

„Nicht ein Leben schrankenlos,
Noch gedrückt von Zwanges Joch
Lobe dir!
Immer die Mitte ja krönen die Himmlischen."

So ist das Los zugeteilt: dort Götter, hier Menschen, die sofort zum Ausgleich bestraft werden, falls sie den Kosmos gefährdet haben. Und es wird gestraft nach dem altbiblischen Prinzip: Auge um Auge, Zahn um Zahn.

„Für feindliches Wort sei feindliches Wort
Vollgültiger Lohn, ruft Dike, die Schuld
Einfordernd mit mächtiger Stimme.
Für blutigen Mord sei blutiger Mord
Als Buße gesetzt! Wer frevelte, büßt!
Jeder nimmt hin seines Tuns gerechten Lohn."

Es sind die elementaren Gebote und Verbote des Dekalogs, die auch hier herrschen: Ehrfurcht vor den Eltern; du sollst nicht töten, nicht ehebrechen; dazu kommen mehr in der damaligen Sitte begründete Gesetze: das Heiratsverbot zwischen Geschwisterkindern, die Unterscheidung zwischen Vater- und Muttermord in der Schwere des Frevels. Das oberste Prinzip, der höchste Frevel, der Kern des Ethos aber steckt in der Hybris, im Übermut, in der Vermessenheit des Menschen, sich gegen Götter zu empören, das Maß, welches ihnen zugemessen ist, zu überschreiten. Alle äschyleischen Tragödien sind eigentlich Strafexpeditionen gegen ein Empörergeschlecht.

„Wer in tollkühnem Trotz die Schranken sprengt
Und alles wild umrüttelt ohne Fug und Recht,
Er muß wohl einst die Segel einziehn,
Wenn sie des Sturms Gewalt erfaßt:
Dröhnend die Raaen splittern.“ (Sophokles)

Aeschylus stellt in den Gestalten seiner Tragödien mehr die Verfehlung, die Hybris, dar; Sophokles dichtet in seinen Reflexionen mehr das positive Ziel aus, das Leben in den gesetzten Grenzen:

„Immer ist Zeus großprahlendem Stolz
Überaus unhold.“ (Sophokles)

Tantalus, der Ahnherr Agamemnons, Lajos, der Vater des Oedipus; Prometheus; Xerxes; Jo, die Ahnin der schutzflehenden Danaiden: sie haben sich alle vermessen, selbst gesetzgebend zu sein, sie haben sich vermessen, die ewige Ordnung der Dinge zu stören:

„Totenhügel werden bis ins dritte Glied
Lautlos der Enkel Augen einst verkünden,
Daß Übermut dem Erdensohne nicht geziemt.“ —

Dieser Weltgehalt des äschyleischen und sophokleischen Dramas erschöpft sich nun nicht in den Taten und Sentenzen seiner Menschen; er birgt sich ebenso in dem Geflecht der dramatischen Form: in der Art des Dialogs; im Tempo der Entwicklung; in der Häufigkeit oder Abwesenheit der Monologe; in der Differenzierung zwischen Haupt- und Nebenpersonen; diese formale Struktur ist zwar im wesentlichen auch von der erlangten Technik abhängig: aber es ist grundfalsch, etwa das schleppende Handlungstempo der Orestie auf Kosten einer Anfängertechnik zu setzen.

Ist im Aeschylusdrama nicht der ganze Gehalt in menschliche Handlungen aufgelöst, so deshalb nicht, weil für Aeschylus das wesentliche Leben nicht in menschlicher Handlung und Gegenhandlung auflösbar ist. Die Chorpartien sind nicht ein rudimentäres episches Überbleibsel, sondern sie sind der gewaltige, lastende (in aller Vergänglichkeit bleibende) Unterbau, im Vergleich zu dem menschliches Tun und Leiden nur schwaches Wellengekräusel über unendlichen Flutenmassen ist, leises Ziehen der Wolken unter ewigem Himmel. Nicht auf der Individualhandlung der Antigone liegt der Akzent — die Konstruktion ihrer ethischen Schuld als Motiv ihres Todes ist anachronistische Ästhetik —, sondern auf der religiösen Bedeutung des Geschlechts, dem sie angehört. Nicht auf dem Familienereignis des Agamemnon liegt der Akzent der Bedeutung, sondern auf dem Himmel, unter dem es sich vollzieht. Und wie die Weitschichtigkeit der Chorpartien hierfür vollgültiges Zeugnis ist, so ist das Vorwalten des Monologs Zeugnis dafür, daß der Mensch mehr mit der Gottheit als mit seinesgleichen zu reden hat.

III.

Das Bedeutsame der äschyleischen Welt liegt darin, daß hier überall von den Außenwerken des Seins, von den Tagesereignissen des Lebens die Fäden zurückreichen bis zu der Urmitte, wo die Nornen allen alles zuspinnen. Sieg und Niederlage, Mord und Rachsucht sind kosmisch gesehen, als letzte Auswirkungen eines Weltgeschehens. Die Weltmitte liegt nicht im Menschen, so daß der Himmel der extremste Ort seines Bereiches wäre, sondern der Mensch ist nur peripherster Trabant der Zentralsonne Gottheit. Das ist ein Weltaspekt, der von der Moderne, und zwar schon vom Christentum, leidenschaftlich aber seit der Renaissance bekämpft wird, der aber nie aus der Welt geschafft werden kann, weil sein logisches wie sein erlebnishaftes Motiv seelische Urmotive zu sein scheinen; denn immer führen Gedankenreihen vom unmächtigen Geschöpf zum allmächtigen Schöpfer zurück; und immer wieder geht das Erlebnis vom Erdenwurm zum Herrn der Welt. Die Nuancierungen innerhalb dieses Weltrisses sind veraltet, da sie allgemein abhängig sind von der Kulturstufe der griechischen Frühzeit und im besonderen auch noch von ganz individuell-zufälligen Zeitbedingtheiten. Doch der Umriß ist ein ewiges, geistiges Schema, eine stete geistige Möglichkeit der Menschheit.

Aber ist er auch aktuell? Hier erscheint die schwerwiegende Diskrepanz zwischen der Ewigkeit der seelischen Tatsachen und der Ewigkeit der geistigen Weltformen. Die erste Ewigkeit ist eine durch alle Zeit dauernde; die zweite Ewigkeit ist eine überzeitliche, die in der Zeit auch pausieren kann.

Das äschyleische Weltbild ist auch in seiner ewigen Grundstruktur, auch losgelöst von allem zerschlissenen Behang für unsere Zeit ohne entscheidende Bedeutung, weil schon die Grundpfeiler unserer Welt anders gerichtet sind. Der ausschlaggebende Unterschied ist hier, daß wir nicht glauben können an ein ehernes, unwandelbares Gesetz, dem — am menschlichen Material — Genüge getan werden muß, und daß wir auch nie daran glauben können, daß Prometheus, das große Sternbild der Moderne, nicht eigentlich kämpft, sondern nach Vorbestimmung in den Tartaros geschleudert wird. Aeschylus' Prometheus lehnt sich doch nur gegen den ephemeren Regierungsdünkel des Zeus auf, nicht aber gegen die Notwendigkeit, der auch Zeus unterworfen ist. Die absolute Auflehnung ist erst Goethes Prometheus, ist erst Nietzsches Zarathustra. Der antiken Welt ist die Hybris — das Urböse. Der modernen Welt ist die Hybris — der Urwert.

Das antike Drama ist für uns von Bedeutung: als ein religiöses Drama, als ein vollendetes Kunstwerk; es erfüllt unserer gegenwärtigen Kultur eine Ersatzfunktion. Das antike Drama hatte das Erlebnis der Willkürgötter zu überwinden und eine Regierung des durchgreifenden, machtausübenden Ethos zu stabilisieren. Wir aber stehen in einer anderen geistigen Konstellation; wir haben den Atheismus zu überwinden. Diese gewaltigste und unsinnigste Idee tauchte erst nach Aeschylus' Erdendasein am geistigen Himmel Europas auf als schwierigste aller geistigen Oppositionen. Ihr gegenüber genügt es nicht mehr, blind, bibelgläubig trotz aller Gegenargumente zu vertrauen auf einen Sinn oberhalb aller Unsinnigkeit. Unser Vertrauen ist stark erschüttert. Da haben wir Menschen uns ins Letzte gerettet, wir haben bewußt die Zügel der Weltregierung ergriffen. Für die Antike muß die ganze moderne Entwicklung, von der Renaissance an, ein einziger großer Frevel, echteste Hybris sein. Kein Zeus hat zwar für diese Kühnheit das Prometheusgeschlecht des modernen Europa in den Tartaros gestürzt. Aber dieser Prometheus stürzte sich selbst; in seiner erhabensten und übermütigsten Stunde, in Nietzsche wurde er der demütige Sohn Gottes. Und damit hat sich auch der heroische Atheismus besiegt. Nietzsche ist der fünfte Akt der modernen Tragödie Mensch. So stehen wir da, in tragischer Entzweiung, zum Vertrauen zu ungläubig und zum Unglauben zu reif. Einer hat uns das Drama dieser Weltstunde geschrieben: Georg Büchner. Büchner kann erst abgelöst werden, wenn seine Weltstunde abgelöst worden ist. Der Kommende aber wird nur zwei große, fremde Ahnen anerkennen: Shakespeare, den Menschenkenner, und Aeschylus, der Gott zu erforschen wagte.

✡

Kapitel III

Mysterienspiele

I.

Das Mysterienspiel ist ein Beginn des Dramas. In seiner seelischen Herkunft dunkel gleich jedem Beginn. Wie aus dem Mysterium, dem Unendlichwerden des Endlichen, der Wandlung des Irdischen zum Sinn — wie aus diesem Mysterium das Spiel hervorgehen kann, bleibt ein Urrätsel unserer Seele. Ist doch das Spiel geradezu der Gegenpol des Mysteriums; ist nicht lebendiger seelischer Prozeß, sondern Imitation; ist nicht Wandlung, sondern Verwandlung; führt nicht zur Erlösung, sondern zur Ablösung. So trägt das Mysterienspiel eine Urpolarität aller Kunst, darüber hinaus: eine Urpolarität der menschlichen Seele überhaupt: die Verkoppelung der priesterlichen und der künstlerischen, der Heil suchenden und gestaltenden, den inneren Prozeß verfestigenden Seele.

Das Mysterienspiel ist mehr als nur ein geschichtliches Ereignis. Entstand es, bei uns Europäern, in der voräschyleischen Ära, als erregte Mysten sich im Zwiegespräche die Passionsgeschichte des Gottes Zagreus vergegenwärtigten und abermals, als — über anderthalb Jahrtausende später im elften Jahrhundert — die Christengemeinschaft zu Ostern und Pfingsten sich die bewegten Geschehnisse dieser Tage vor Augen führte, so hat doch jede Zeit ihre Mysterienspiele; und zwar nicht nur solche, welche in frommen, luftdicht abgeschlossenen Konventikeln durch die Jahrhunderte mumienhaft konserviert werden. Immer dort, wo der Dramatiker sich nicht begnügt, in der gesellschaftlichen Ebene die Menschen untereinander in Beziehung zu setzen, um aus diesem Mit- und Gegeneinander eine interessante Anekdote herauszuspinnen, sondern wo er — von den letzten Rändern der Seelen her — in jenen unermeßlichen Seelenraum zu blicken sucht, der durch keine „Psychologie" mehr erhellbar ist, aber alle tiefen seelischen Gründe und Abgründe in sich birgt — immer dort entsteht das Mysterienspiel.

So sind auch Mysterienspiele noch möglich, nachdem der Kult der Orphiker und der Glaube an die Heilstatsachen der christlichen Kirche nicht mehr möglich ist, und obwohl kein neuer Mythos sich gebildet hat. Mysterienspiele ohne konkrete Mysteriensymbole! In den „Choephoren" oder in den Christus-Spielen wird die göttliche Realität direkt abgebildet. Wir, denen der direkte Ausdruck des Göttlichen nicht gelingt wie der Antike oder dem Mittelalter, das im Evangelium und in den Heiligen-Legenden einen Überfluß an geprägter Göttlichkeit besaß, wir lieben es mehr (wenn auch in unfreiwilliger Liebe!), das Göttliche nur verhüllt, nur in irdischer Stellvertretung, nur atmosphärisch erscheinen zu lassen. Wir bilden das Vergängliche als Gleichnis eines Unvergänglichen, das ohne Abbild bleibt. Uns sind „Penthesilea", „Leonce und Lena", „Nach Damaskus" Mysterienspiele, weil hier jener gleiche Prozeß der Auseinandersetzung zwischen Gott und Mensch sich vollzieht, der im „Prometheus" oder im mittelalterlichen Passionsspiel nur durch einen objektiveren und daher eindeutiger vorgezeichneten Weg bestimmt gewesen ist.

Das Mysterienspiel will gegenwärtig das Schauspiel ablösen. Das sozial-psychologische Zergliederungsdrama, die bisher letzte Gestalt des Schaustückes, kannte nur jenen Kontakt mit dem Zuschauer, der durch ein Maximum von wirklichkeitstreuen Bühnengestalten hergestellt war. Im Theater der Athener fanden sich Bühne und Zuschauer anders: ein explosiver Funke sprang über. Das Spiel wurde vergessen; das Mysterium bemächtigte sich der Menge; die Politeia hatte ihre Bürger vor übermächtiger Erregung durch Verbot des Stückes zu schützen. Einzigartigstes Zensurmotiv! Und die Geschichte der mittelalterlichen Dichtung erzählt dies denkwürdige Ereignis: 1322 wurde in Eisenach vor dem Landgrafen das geistliche „Spiel von den klugen und törichten Jungfrauen" aufgeführt. „Als darin Christus trotz der Fürbitte Marias die fünf törichten Jungfrauen nicht erlöst, verläßt der Fürst in höchster Erregung das Spiel. Zwei Tage lang disputiert er mit den Gelehrten seines Hofes die Kardinalfrage der Erlösung; die Aufregung wirft ihn in schwere Krankheit, von der er sich nicht wieder erhebt." Welch ein erhabener „Theaterskandal"! Schon strebt auch das moderne Drama zu entzünden, statt zu unterhalten. Theaterraum, Inszenierung, Schauspieler werden darauf eingestellt.

Die ganze Theatertechnik beschreibt so eine Drehung vom Schaustück zum Mysterienspiel. Aber da uns ein Mythos fehlt und vielleicht auch immer fehlen wird, ist das Mysterienspiel auf dem schmalen Grat zwischen Schaustück und Kult in bedrängter Lage. Und seine Zukunft ist die Zukunft unserer Kultur im Lichte der Bühne.

II.

Tiefstes Leid und höchste Seligkeit sind die Pole unseres Daseins; Ausgang aller Himmelsfahrt. Jedes echte Erlebnis will zu einem dieser beiden Gipfel; denn wir sind Menschen, das heißt: zum Leiden geboren und zum Schaffen. Zwischen Ohnmacht und Göttlichkeit ist unsere Seele ausgespannt; innerhalb dieser Spannung leben wir. Wie Schmerz und irdisches Sklaventum, seelisches Weh und metaphysische Abhängigkeit sich verschmelzen mit Aufschwung, Absolutheit, Schöpferkraft; ob harmonisch, ob dissonierend; ob die Seligkeit aus dem Dunkel alles Leids unvermittelt hervorbricht, ob überschwengliche Seligkeit Quell der Tränen wird: all das unterscheidet Mensch von Mensch; all das unterscheidet die großen Gestalten der Zeiten, deren jede die Pole individuell zusammenbiegt. Im Wandel aber beharrt die Doppelpoligkeit unserer Seele, welche als Kreatur duldet und als Gott jubelt; in der Beharrung wandelt sich die Deutung von Lust und Leid. Wandlung des Erlebens, der theoretischen und künstlerischen Ausdeutung.

Prometheus verriet die Götter. Prometheus förderte den Menschen. Prometheus war ein Gott — und der elendeste Mensch, das schmerzensreichste Geschöpf. An einsamem Fels wurde er angeschlossen, und ein Geier zerhackte seine Leber. Des Prometheus Passionsweg führt durch die Zeiten; er verbindet antikes, christliches und modernes Menschentum; wenn auch die wechselnden Mythen: der attische, der christliche, der shakespearesche, der hebbelsche, der strindbergsche Beginn und Ziel des Weges mit verschiedenen Symbolen zu enträtseln versuchen. Im Gott selbst läßt Aeschylus das Leid ausbrechen; Gott empört sich gegen Gott. Dem Griechen war das Leiden eine Folge göttlicher Revolution, eine Folge kosmischer Ruhestörung. Die Verherrlichung von Maß, Gleichgewicht, schöner Mitte war der gelungene Versuch des Griechentums, die Pole der Seele zu balancieren. Über Jahrtausende fanden sich dann der griechische und der moderne Tragiker, der auch das Geheimnis des Maßes kennt: „Rühre nimmer an den Schlaf der Welt". Götterhimmel waren inzwischen eingestürzt und neue Räume hatte die Seele geschaffen; es blieb ihr das polare Ur-Erbe und jenes Deutungserlebnis, daß der selige Genuß göttlicher Souveränität (in Attika: Hybris; in moderner Gewandung: Überbetonung der Individualität) mit tiefsten Leiden bezahlt werden muß. Nur einer war: bei dem überwog nicht Leid noch Seligkeit; bei dem exekutierte der Prozeß der Tragödie nicht Bezahlung der

Seligkeit mit der Münze Leid; bei dem war Kraft und Ohnmacht in jedem Moment eins; Licht war Dämmerung des Dunkels, Dunkel war Grenze des Lichtes: Shakespeare!

III.

Das mittelalterliche Passionsspiel zeigt diese menschliche Ur-Zweiheit im Medium seines Mythos. Antike und modernste Deutung menschlichen Leidens sind (metaphysisch gesehen) pessimistisch. Das Leiden ist notwendig und definitiv; eine nicht mehr reduzierbare Urtatsache allen Daseins. Shakespeare, dem Leid und Seligkeit gar nicht auseinanderliegen, steht jenseits metaphysischen Wertens. Das christliche Mysterium, weiterwirkend bis zur deutschen Klassik, bis zu Goethes „Faust", ist optimistisch. Das Leiden ordnet sich als Mittel einem Heilsplan ein. Die griechische Tragödie ist zuerst von ihrem Ausgang, vom „Sündenfall" her, zu verstehen; die christliche Passion von ihrem Endziel her, von der Erlösung. Woher kommt das Leid? fragt die Antike; wohin führt das Leid? fragt das Christentum. Christi Seele ist geborgen; ist nie in Gefahr; sie kommt von Gott und geht zu Gott. Die sieben Leidensszenen der „Passion" der Brüder Arnoul und Simon Greban aus dem Jahre 1452 sind nur das irdische Mittelstück zwischen dem Prolog im Himmel, wo Gottvater auf dem Himmelsthrone sitzt, zu seiner Rechten das Mitleid, die Gerechtigkeit, der Friede, die Weisheit; wo im Fegefeuer sich die Seelen läutern und sehnsüchtig singen:

„Quand viendras — tu, doux Messias,
voir la peine, qui nous abonde?
Quand viendras — tu, Saulveur du monde,
nous apporter joie et soulas"

und dem Epilog in der Hölle, wo der Sieger Christus die gefangenen Seelen dem Zerberus, dem Portier der Hölle, entreißt, unter dem Gesang der Erlösten:

„tu tollis peccata mundi,
te deum laudamus,
te dominum confitemur.“

Im menschlichen Mittelstück dieses göttlichen Lebens ist das Leid eingekapselt. So ist es begrenzt und zugleich werthaft geworden. Deshalb kann selbst Christus nicht in jenem furchtbaren Ausmaß leiden wie der Moderne, von dem es heißt: „Es gibt Menschen, die unglücklich sind, nur weil sie sind.“ Christi irdische Leiden werden von einer gewaltigeren Kraft, von metaphysischer Seligkeit umgriffen. Ihm werden die Dornen ins blutende Fleisch gedrückt, und rohe Knechte überlasten seinen schmächtigen Körper; er steht vor Kaiphas und Pilatus, und in ihm wird der reinste Adel der Menschheit geschändet; aller Abschiedsschmerz ist sein Scheiden von Mutter und Freunden; die Nächsten verleugnen ihn; ein Bruderkuß vergiftet ihn; Christus ist Urbronn und Mündung alles Leids. Christus ist mehr als Leid: er ist die Seligkeit. Er weiß von der Mission des Leides; er relativiert es, indem er es als begrenzt und sinnvoll innerhalb der göttlichen Seligkeit erlebt. Kierkegaards tragische Umdeutung Christi ist ebenso wie Nietzsches absolut-tragische Deutung der Antike modern. Christi Leben ist keine Tragödie mehr.

Christus wird nie an seiner Sendung irre; nur einmal, im Garten Gethsemane, an seiner Kraft zur Erfüllung der Sendung. Leid und Seligkeit sind in verschiedenen Weltebenen angesiedelt; in der Irdischkeit und der Überirdischkeit. Mit dieser Ansiedlung ist ihr Rangverhältnis festgelegt. Christi mächtigster Antipode stellte die Zuordnung um: überirdisch das Leid, irdisch die Seligkeit. So erlebte Nietzsche die menschliche Passion. Der eine ging mit bleichem Gesicht und blutenden Wunden durchs Leben, nur im Auge das milde Licht göttlicher Geborgenheit; der andere sang zum Tanz und predigte die Freude, bis ihn die Einsamkeit holte, die sich hinter der Titanenstirn eingenistet hatte.

Ist die Passion Christi eine Tragödie? So wenig wie alle späteren Passionen, die zwar — in mythischer Verdünnung — statt des stellvertretenden Leiden Christi den ringenden Menschen und statt des Himmelreichs das Wohl der Menschheit oder den moralischen Kosmos setzten, aber doch (Faust II!!) enge Verwandte der Mysterienspiele sind. Christus überschreitet die Grenzen der Welt der Tragödie. Wo das Leid Nebenerscheinung, Mittel, Durchgangsstation ist, wirkt das Passionsdrama. Sündenlos wird Jesus in diese Welt verstrickt; sündenlos verläßt er sie wieder. Er kämpft nicht und siegt doch. Auch in der modernen Tragödie haben wir diesen kampflosen Helden; aber der ist zum Nichts prädestiniert, wie Christus zur Fülle. Der Moderne kämpft nicht und unterliegt doch. In der Welt dieser Tragödie blüht das Leid dunkel auf, nach eigenem Rechte, zu keinem Ziele, im Zentrum der Seele. Der ewige, unwandelbare Grund, welcher Tragödie und Passionsspiel entließ, um die Urtiefen unserer Seele mit der Kraft unserer Seele zu enträtseln, dieser Urgrund ist das Zusammen von Leid und Seligkeit; ewig sich spannende, ewig zueinander strebende Zwei, die ein Jahrtausend dem anderen vererbt; die ein Jahrtausend dem anderen als problematische Gestalt hinterläßt, die der tiefste Rhythmus unseres Daseins ist:

„Seit Anbeginn der Welt sind Leid und Freud
In Wort und Tat vermählt . . .“

✡

Kapitel IV

Shakespeares Porzia

„Die arme rohe Welt
hat ihresgleichen nicht."

Shylock ist vom Geschlecht der Richard, Othello, Edmund, Macbeth. Juristen haben ihn zum Repräsentanten einer Rechtstheorie, Philosophen zum Paradigma aristotelischer Mittelmaßethik oder hegelscher Dialektik promoviert. Aber seine juristische Dialektik ist kein Selbstwert, ist nur Instrument und Ausdruck seiner Leidenschaft.

Richards Buckel, Othellos Fremdrassigkeit, Edmunds Bastardtum kehren motivisch in Shylocks Judentum wieder. Doch abermals: sein Judentum ist ebensowenig Selbstwert oder Unwert wie sein juristisch-philosophisches Gedankengefüge. Denn wesentlicher als die Gemeinsamkeit der Antriebe ist für den Verwandtschaftszug die Gleichheit der Seelenenergien, welche von ihnen entfacht werden: ihre Leidenschaftlichkeit.

„Wer haßt ein Ding und möchte es nicht vernichten?": das ist das Herzerlebnis der Shylockwelt. Gott hat sich in die menschliche Leidenschaft zurückgezogen; die Leidenschaft ist aber die Hölle, sie kennt keine Grenze als die Leidenschaft des anderen. Die Welt ist die Stätte, wo Mensch und Mensch ringt um den Preis, das All im Chaos seiner Leidenschaft vernichten zu dürfen ... Ein Glanz fällt ins düstere Inferno tobender Leidenschaften: das Evangelium Porzia. Shakespeare hat einen neuen Glauben gestiftet; die Religion des Verheißenen weicht der Religion des Erlösenden. Von dieser Welt und doch ihr Besieger, von irdischem Blut und doch in seinen roten Dünsten nicht erstickend, greift Porzia in diese Welt ein mit den Mitteln dieser Welt und opfert sich nicht, sondern opfert den Schaden. Aber der Schaden ist größer als der eine Shylock. Stehen nicht alle auf Shylocks Seite, nur durch zufällige Antipathie von ihm getrennt? Doch alle bannt auch Porzias Zauberkreis. Sie ist das ewig wiederkehrende Wunder der nachchristlichen Menschheit. Porzia ist Musik: in ihrer Liebe konsonieren die Leidenschaftsdissonanzen. Porzia ist Spiel: sie federt die getürmten Geistquadern, mit denen eine Menschheit sich ihren eigenen Kerker gebaut hat. Porzia ist Grazie: eine spielende Siegerin, die erste Verkünderin des tanzenden Ernstes. Porzia ist heller Verstand: sie kalkuliert die Welt, aber ihr Kalkül dient dem Antipoden des Kalküls: dem Eros. Porzia ist Musik und Spiel, Grazie, Klarheit und Liebe in eins.

Fast ein halbes Jahrtausend später fällt die Lady Cecily Waynflete vor einem Forum schicksalverstrickter Menschen ähnlichen Spruch. Und Candida, die lieblichste Schwester im Bunde, ist die Wiedergeburt von Porzias heller, überlegener, inniger, unromantischer Herzensklugheit. Aber welchen Feind mußten Shaws Heldinnen niederringen? Selbstgerechte, maniakalische Lyriker; verlogene Lüstlinge! Shylock ist die Hölle; die Lady Cecily sprengte ein Gesellschaftsgefüge; Porzia dringt in die Unterwelt ein: täglich entreißt sie uns heißen Höllendämpfen, die aus uns schlagen, und ihre Seele löst den Höllenlärm in Symphonie auf, so daß wir leben können. Shakespeare, die dunkelste Welt, hat den hellsten Stern geboren. Porzia ist das lichteste Wunder auf Erden, der paradiesische Schein über der nachtdunklen Welt der Selbstvernichtung. Porzia ist nicht mehr die im Sinne der Welt vorgesehene Überwindung des Tragischen wie Christus. Sie ist nicht Funktionärin eines Weltwillens. Doch in dem wild gärenden Ozean dunkler Leidenschaften eine Insel. Das ist Shakespeares Welt. Zwischen dem Lavaschutt der Menschenvulkane blüht hier und dort eine Blume, als wäre der Kosmos eine Frühlingswiese. Und die glühendsten Eruptionen lagern sich lämmerfromm um die schlanken, zarten Wunder. –

✡

Kapitel V

Schillers Tragödien in unserer Zeit

I.

Drei Mächte haben an der Lebenskraft des Schillerschen Dramas gezehrt: der Schulmeister, die naturalistische Psychologie und die wachsende Zeit.

Der Schulmeister trennte Wurzel und Blüte: er schuf die „Sentenz". Er, nicht Schiller, erstickte seelisches Leben in Reflexionssammlungen und Aufsatzthemen, und nie ahnte er, daß diese von ihm gesammelten und geordneten Kalendersprüchlein die letzte atmosphärische Schicht um ein seelisches Gebilde, die Rosenknospen, Blätterranken und Tierköpfe gotischer Dome gewesen sind. Der Schulmeister brachte an Schiller nicht den geistesgeschichtlichen, sondern den aufklärerisch-pädagogischen und moralisch-sentimentalen Maßstab heran. Schiller wurde Paradigma für Lesebücher; und Schiller, der revolutionäre Schiller, der Tyrannenfresser Schiller wurde von Schulmeisters Gnaden Hort der Reaktion. Wer dann den Schulmeister überwunden hatte, glaubte auch Schiller überwunden zu haben.

Die reiferen Schichten, welche dem Schulmeister entwachsen waren, erfaßte die Welle der naturalistischen Psychologie.

Ihr paßte nicht die große Historie, weil für sie das Große nur eine optische Illusion auf Grund der Summierung vieles Kleinen, Alltäglichen, Glanzlosen war, während selbst Schillers „bürgerliche Tragödie" noch unter Kronengefunkel spielt.

Ihr paßte nicht die moralische Rangordnung, da sie das Phänomen der Moral auf „natürliche“ Elemente reduzierte, und daher Karl Moors letztes Wort vom Sieg der Weltordnung ebenso unmotiviert finden mußte, wie Tells vornehme Absonderung von Parricida.

Ihr paßte auch nicht die Verdichtung der Wirklichkeit, die typisierende Stilisierung, da sie, die Metaphysiklose, einen Stil innerhalb der Wirklichkeit, den es nachzuzeichnen gälte, nicht anerkennen konnte.

II.

Wenn Schiller Freundschaft besingt, wenn er Haß dichtet, wenn er Revolution predigt, ist er ein Heutiger; Erlebnisse, die keinem Wandel unterworfen sind, hat hier ein Künstler mit letzter Gültigkeit ausgesprochen.

In den Anekdoten von den Räubern bis zum Tell hat hundertjährige Kritik Zufälliges und Belangloses in solcher Fülle gefunden, daß es kein schillersches Drama mehr gibt, an dem wir reine Freude empfinden können. Außerdem ist die Symbolkraft dieser Anekdoten zum guten Teil geschwunden: schwachsinnige Väter, lebemännische Präsidenten und romantische Fatalismen haben in unserer Seele ebensowenig Realität wie die griechische Mythologie.

Was bedeutet uns Schillers ethisch-religiöse Weltkonzeption, wenn Karl Moor sich einem Gesamtsinn unterordnet; wenn Verrina und Tell Vollzugsorgane eines sittlichen Lenkers sind; wenn Wallensteins Tod schwere Buße für eine schwere Schuld ist; wenn selbst der Hundsfott von Präsident noch der irdischen, stellvertretenden Gerechtigkeit das letzte Wort gibt?

Dokumente vergangener Zeiten!

In der künstlerischen Form haben wir die entsprechende Parallele: klassischer Stil und Expressionismus, Schillers Stil und moderner Stil haben nur den Abstand vom realistischen

Drama gemein. Schillers Stil schreibt eine objektive Metaphysik ab, die ethisch-künstlerische Weltharmonie des Humanismus. Der Expressionismus kennt keine metaphysische Welt mehr, nur individuelle Ich-Welten. Er ist nicht Abschrift eines objektiven, sondern Ausdruck eines subjektiven Kosmos. Er lebt nicht vom rhythmischen Gleichmaß und läßt nicht edel gebildete, vernünftige, allgemeingültige Betrachtungen den Menschen überwachsen, sondern sein Wort ist individualitätsbezogen und der Mensch hängt einsam und ungeschützt im Weltenraum.

Man ist allzu geneigt, unsere Zeit in engster Verwandtschaft zur Epoche des deutschen Idealismus zu sehen. Die Philosophie scheint es zu rechtfertigen, die — grad wie vor 100 Jahren — den Weg von Kant zu Hegel geht. Die Politik scheint es zu bestätigen. Die Publizistik stellte auch vor dem Wiener Kongreß als obersten und leitenden Artikel die Inherrschaftsetzung ethischer Prinzipien auf. Die Dramatik unserer Tage wird als Schillertum gekennzeichnet und knüpft in mancher Beziehung über Zeiten hinüber bewußt an die Klassik an. Und das Ethos der Tat, von Kant und Fichte und Kleist, von Faust und in der Eroika als Keimpunkt der Welt erlebt, ist auch der heranwachsenden Generation heute der Wert schlechthin.

III.

Von einem konkreten Vergleich läßt sich Schillers Gegenwartsbedeutung am besten ablesen. In der „Jungfrau von Orleans“ und in Heinrich Manns Revolutionärin „Madame Legros“ stellen beide Zeitalter an verwandtem Stoff ihr Eigenleben dar. Nimmt man beide Gebilde in eine Schau zusammen, dann wird neben individueller Berührung und Verschiedenheit auch der Zeitwandel spürbar werden. Ein Mensch stürzt aus all seinen naturgegebenen und sozialen Verkettungen heraus. Nicht in eine höhere oder niedrigere soziale Schicht einzutreten; nicht weil ihn irgendeine tyrannisch gewordene Eigenschaft des Charakters ins Maßlose triebe, sondern weil in ihm ein Absolutes, ein in soziale und psychologische Kategorien nicht mehr auffangbares Wollen lebendig wird. Offenbarung eines Absoluten im Menschen, hineinragend in die endlich-begrenzten Geschehnisse des Tages: das ist die letzte Wesenseinheit beider Dramen. Diese Gemeinsamkeit stellt beide Dramen eng zusammen, vor allem im Widerspruch zu jeder Art lückenlos psychologisch-begründender Dramatik, die nur begrenzte psychische Gegebenheiten kennt. Beide Dramen klingen in dieser dualistischen Spannung von Endlichkeit und Absolutheit zusammen: ein Zusammenklang über weite zeitliche Zwischenräume, in denen sich der Wille zum Monismus dramatisch in der Einebnung alles seelisch Überragenden, (besser) in der qualitativen Gleichwertung jeder Seelenäußerung (von dumpfstem Trieb bis zu reinster Tat) kundgab. Aber während nun das klassische Drama sich hier nicht reinlich von jedem Motivierungstypus scheidet, bildet Heinrich Manns Dichtung eine äußerste Position. Johannas Entschluß ist noch motiviert; allerdings transzendent, nicht durch psychologischen Kausalmechanismus. Das Ethos unserer klassischen Zeit war noch an eine Metaphysik geknüpft (Schillers Idee von Schuld und Sühne; Goethes Faustschluß; Kants Postulat der Unsterblichkeit). Bei dem Modernen schießt die absolute Forderung auf wie ein letztes, ursachloses Hervortreten eines Unendlichen. Der Moderne verwirft nicht nur die naturwissenschaftlich-kausale, sondern auch die ethisch-religiöse Motivierung.

In Schillers Tragödie liegen in einer Seele unpersönliche Aufgabe und persönlichstes Schicksal beieinander: beide folgen eigenen Gesetzlichkeiten, streben auseinander und brechen ihre sie einwölbende Seelenschale. In Madame Legros ist ein innerseelischer Widerstreit nicht da. Bei Schiller ist das tragische Schicksal eines Menschen, in dem ein absoluter Wille ausbricht, die dramatische Mitte. Bei Mann wandert der Zentralpunkt: er ist zuerst und vor allem Spiegelung eines absoluten Geschehens in Endlichkeiten. So wird, was dort individuelle Dynamik war, hier Sinndeutung, (besser) Unsinndeutung eines Zustandes; was dort Tragödie war, hier Kritik: was dort Erlebnis eines typischen Menschenschicksals, Erlebnis einer Welt. Individualität ist bei Schiller eine Zusammenmischung von Eigenschaften, die gebunden wird von der Substanz der Humanität. Individualität ist bei Mann das Reagens eines durch einen bestimmten sozialen Ort fixierten Wesens auf das Absolute. Die individuelle Substanz fehlt hier wie da. Schiller rückt den Träger des Absoluten (als Quintessenz einer allgemeinen Geistigkeit) in den Vordergrund. Mann gruppiert um das Zentralfeuer des Absoluten seine endlichen Erblicker und fängt die nun geworfenen Schatten auf. Manns „Heldin" ist ein durch ein Absolutes bestrahltes endliches Geschöpf. Schillers Heldin ist eine Absolutheit, die nur die Endlichkeit passiert. Schillers Tragödie schildert jenen Menschen, in dem eigene Richtung und Weltplan dissonieren, mit dem Effekt, daß der Mensch — die heroische Johanna des letzten Aktes — sich dem Weltplan beugt, oder — wie Wallenstein — in den Weltplan hineingezwungen wird. Die Tragödie des Modernen hat keinen Kosmos, also auch keine Gefährdung dieses Kosmos, also auch kein tragisch-heroisches Unterliegen des Menschen. Der tragische Mensch der Klassik war der Mensch, der sich außerhalb der Weltordnung gestellt hat. Die Tragödie war die Geschichte seiner Niederlage. Der tragische Mensch der Moderne ist seit Kleist und Büchner der Mensch, der keine Weltordnung mehr anerkennt, sondern eine will. Hier entspringen dann zwei Tragödien: die Tragödie der Ziellosigkeit, der metaphysischen Leere und die Tragödie der Disharmonie zwischen irdisch-utopistischem Ziel und Wirklichkeit; die Tragödie der Einsamen und die Tragödie der sinnlos Unterliegenden. Nicht von ungefähr hat das politische Drama diese Tragödien abgelöst. Die irdische Utopie ist der Ersatz für jene im Transzendenten verankerte Schillersche Weltordnung.

Schiller trägt uns durch sein Pathos auf alle Höhen und verströmt in edlen Versen den Enthusiasmus eines ethischen Optimismus. Noch die Tragödie wird zum Jubel: es unterliegt nicht der Held; es siegt der Gott. Der Sieg Gottes ist das Erhebende in der Tragödie des Aeschylus, der Passion Christi und dem Drama Schillers, das den Menschen erhebt, wenn es den Menschen zermalmt. Schiller jubelt Verherrlichung. Der Moderne glüht Kritik. Kein Sieg erklingt. Die moderne Tragödie erhebt nicht. Madame Legros, welche die überirdische Melodie in die Endlichkeit hineinsingt, welkt langsam von ihrem göttlichen Aufgeblühtsein ins Irdische ab. Am Ende jeder Schillerschen Tragödie erscheint die Transzendenz in der Welt und rückt das aus den Fugen gegangene All zurecht. „Noch blieb mir — sagt Karl Moor — etwas übrig, womit ich die beleidigten Gesetze versöhnen und die mißhandelte Ordnung wiederum heilen kann. Sie bedarf eines Opfers — eines Opfers, das ihre unverletzbare Majestät vor der ganzen Menschheit entfaltet — dieses Opfer bin ich selbst. Ich selbst muß für sie des Todes sterben." Die irdische Utopie der Moderne ist ein unendlich ferner Blickpunkt. Der moderne Held ist pessimistisch; er hat keine objektiven Garantien des Sieges. Das klassische Drama: Fanfarentöne, goldene Kuppeln, Mut und Schönheit und Edelsinn, ein großes Gewebe aus idealischen Fäden, nicht ohne Verknotungen (Karl Moor, Johanna), die sich doch letztlich in eitel Harmonie auflösen. Ein großer, schöner Kosmos, der nicht ewig selbstgenügsam in sich ruht, in dem Zusammenpralle werden, aus denen das Leid aufsprüht, in dem auch der Wille zum Leiden, das aktive Hinaustreten in die Veränderung der Dinge als letzte Bedeutung des Menschen gilt. In dem aber dann eine waltende Sinneinheit den edlen Impetus nicht brechen läßt von dumpf-zufälligen Gewalten. „Die Natur des Dramas duldet den Finger des Ohngefährs oder der unmittelbaren Vorsehung nicht. Höhere Geister sehen die zarten Spinneweben einer Tat durch die ganze Dehnung des Weltsystems laufen und vielleicht an die entlegensten Grenzen der Zukunft und Vergangenheit anhängen — wo der Mensch nichts als das in freien Lüften schwebende Faktum sieht."

Und nun das Drama unserer Tage: da strahlt plötzlich aus unserer Mitte absolutes Mitleid und alle Grenzen weghauchende Gerechtigkeit auf. Nicht gepriesen und verherrlicht: doch der Empfänglichkeit eine Gemüter niederzwingende Tat. An dem Erhabenen aber brechen und bröckeln sie alle. Es selbst trägt nicht übermächtige Kraft in sich, aus eigener Fülle zu leben, da es nicht metaphysisch verankert ist. Es verrinnt, da es an ein Leben gebunden, nicht durch ein Leben entbunden ist. Daß Madame Legros nicht allein nicht siegt (wie Johanna), sondern auch nicht zerbricht: das ist ein überwältigendes Dokument einer dogmenlosen Zeit, die weder das Absolute leugnet noch die Endlichkeit. Die weder die Jubelhymne vom Durchdringen alles Ungemeinen singt, noch den Klagegesang von der Zerstörung aller Begnadeten; die skeptisch dem Lauf der Welt nachlächelt und mit einer Glut sondergleichen Ziele predigt, die Gegensätzliches in sich als Selbstverständlichkeit birgt. Die harmonischen Klänge der schillerschen Sprache, in der immer wieder aus der Urzelle Humanität edle Betrachtungen aufblühen, die wie im weiten Kranz noch die verschiedensten Charaktere zusammenrahmen, werden zu knappen, straffen, doch ebenso leidenschaftlichen Sprachballungen in unserer Zeit; Vulkane unter Eiskrusten. Und zöge man so aus Sprache und Gestalt die letzten Differenzen: dort ist der Rhythmus: Wohlan, denn ... hier, weniger innig, weniger heiter, um so glutschwüler, um so härtender: Vorwärts, trotzdem ...

Schillers Drama ist uns ein Märchen, ein melancholisches Es-war-einmal; vergangene Tage, die unauslösbar in unserem

Leben sind, die aber nicht unser Leben sind. Goethes „Faust" richtet den Weiser auf für die Wende der Zeiten: er predigt die Tat um der Erlösung willen; nicht: die absolute Tat, als gewaltigstes, innerweltliches, nicht mehr nach einem Außen bezogenes, sondern in schlichter Wucht „nur" daseiendes Ereignis.

IV.

„Wir müssen wieder lernen, daß starke Männer und starke Zeiten sentimental sind, und daß schwächliche Zeiten und Generationen es sind, die sich scheuen, sich rückhaltlos und inbrünstig ihren Gefühlen . . . hinzugeben." Wenn diese tiefe Einsicht Gustav Landauers erst allgemeine Einsicht geworden sein wird, dann werden wir vor einer gewaltigen Revolution modernen Erlebens und Urteilens stehen. Und in dem Bedeutungswandel des „Kitsch" wird sich dieser Prozeß niederschlagen. Sobald der moderne Mensch erst wieder den Mut zu seinen Empfindungen haben wird, wird auch Schiller nicht mehr als Autor knabenhafter Leiden und Freuden rubriziert werden. Nur unter dem Aspekt teils snobistischer, teils betont anti-idealistischer Generationen ist Schiller, im Diminutiv „der junge Schiller", ein Symbol phantasierender Pubertät geworden.

Schiller ist aber vor allem reifer Mann. Man kann eher sagen, daß die gefestigte Zielsicherheit seines Manntums schon in der Jugend präludiert, als daß die revolutionäre Dynamik seines Sturm und Drang die Konsolidierung des Mannes vereitelt. Es gibt einen jungen Kleist und einen reifen Kleist, und zwischen ihnen einen unheilbaren Bruch. Schillers Leben läuft über einem thematischen Urklang; sein gesamtes Werk variiert – von den „Räubern" bis zur „Jungfrau" – nur eine Seele und eine Welt; und wenn der sittliche Kosmos als objektive Gegebenheit von Werk zu Werk immer markanter als Gegenspieler eines subjektiv-revolutionären Pathos heraustritt, so erkennen wir, daß der junge Schiller, der In-tyrannos-Schiller, von Stunde an (schon beim Erstling sichtbar) den Keim zum Kantianer birgt.

Haben frühere Generationen Schiller zum Dichter für die heranwachsende Jugend degradiert, weil ihnen Idealismus und Unreife, Sentimentalität und Pubertät eins war, so ist er unserer Generation a priori „der junge Schiller", weil sie am stärksten aus seinen Jugendwerken den revolutionären Puls unserer Tage heraushört. Diese Aktualisierung des mehr als ein Jahrhundert Toten ist möglich und deshalb berechtigt. Und keine historisierende Korrektur kann die impetuose Macht der Räuber-, Fiesko-, Kabale- und Carlos-Rhythmen brechen, kann die innige Inbrunst und den heroischen Adel dieses Dichters verdecken; manche vielgeschmähte rhetorische Kaskade ist so geladen, daß sie uns, die wir wieder für ihre eingesperrten Kräfte das Zauberwort haben, noch ihr volles, hundert Jahre altes Energiequantum hergibt.

Aber wir wissen auch immer sicherer trotz der aufdringlichen Zunft aller Antiquitätenhändler, daß der so zeitgemäße Revolutionär Schiller aus einem heute unzeitgemäßen Welterlebnis heraus revolutioniert. Nur das Negative – der Kampf in tyrannos – ist uns mit ihm gemein. Wenn aber unter der Faust des Revolutionärs die alte Welt zerschlagen liegt und die Umrisse des klassischen Kosmos sichtbar werden, dann ist uns die Schillerwelt so nah und so fern wie die buntesten Märchen aus Tausendundeine Nacht. Wohl seziert und kritisiert Franz, die Kanaille, die Welt, als hätten alle Desillusionisten der jüngsten Ära von Schopenhauer bis Wedekind sein Auge entzaubert; aber Franz spielt noch wie Mephisto die undankbare Rolle, nur in maiorem dei gloriam die Schöpfung zu verunglimpfen. Denn die Schöpfung selbst ist sakrosankt, weil sie in einer moralischen Harmonie wurzelt: Karl Moor dementiert sein revolutionäres Werk um der „Harmonie der Welt" willen, nur weil er einsieht, „daß zwei Menschen, wie ich, den ganzen Bau der sittlichen Welt zugrund richten würden"; der Präsidentensohn vergibt seinem Vater noch mit dem letzten Todesröcheln; unmotiviert für eine Zeit, deren Dramensöhne andere Interessen haben als die Herstellung einer rissig gewordenen sittlichen Weltharmonie. Tell und Verrina lassen als Vollzugsorgane des ethischen Weltwillens die Revolution wie in vorgezeichnete metaphysische Umrißlinien einströmen, während im modernen Drama die revolutionären Energien sich blind (von keinem noch so abstrakten Weltwillen heimlich geleitet) auswirken. Die menschliche Lichtfackel, spärlich hineinstrahlend in das Dunkel des chaotischen Alls, ist für uns an keiner Weltsonne entzündet und leuchtet keiner Weltsonne entgegen. Michael Kohlhaas, mit ähnlichem Schicksal wie Karl Moor beladen, landet am Galgen – doch nicht als Paradigma eines moralischen Weltgefüges. Wessen tragisches Erlebnis wesentlich von Büchner, Kleist und Grabbe repräsentiert wird, erlebt Schillers Helden ebensowenig „tragisch" wie Aeschylus' Giganten oder den Himmelssohn Christus; denn ihr Kampf ist nicht endgültig, zwar im tiefsten Weltwesen verwurzelt, aber doch, wenn auch nicht zufällig, so doch ausgleichbar; ihre ethische Disharmonie ist von einer metaphysischen Harmonie umgriffen. In der Vorrede zu den „Räubern" konnte Schiller seiner Schrift mit Recht einen Platz unter den moralischen Büchern versprechen. „Das Laster nimmt den Ausgang, der seiner würdig ist. Der Verirrte tritt wieder in das Geleise der Gesetze. Die Jugend geht siegend davon"; Schillers Revolutionsdichtungen sind ethisch-metaphysisch; die gegenwärtige Revolutionsdichtung ist ethisch-politisch. Schillers Revolutionsdichtung ist auchpolitisch – sub specie aeterni.

Doch ist Schiller nicht – wie man unter Verkennung der Eigenart seines uns fremden Welterlebnisses behauptet hat – Schwarz-weiß-Psychologe. Seine Helden – Karl Moor, Fiesko, Carlos, die Jungfrau – sind nicht ein Optimum von moralischer Reinheit, sondern ein Maximum von menschlicher Größe, von Heroismus; nicht Verrina und Posa, sondern Fiesko und Carlos sind die Helden. Sie gehen durchaus nicht als lichte Engel an einer verteufelten, niederträchtigen, stumpfen Welt, sondern an der Antinomie zwischen ihrer ideelichen Berufung und ihrem allzumenschlichen Dasein zugrunde. Immer verschmelzen persönliche und ideeliche Motive, wirken eine Zeit gemeinsam, bis die Idee im Zweckgefüge eines persönlich-zufälligen Daseins unterzugehen droht. Nicht immer wird der Held heldisch und setzt den Willen der idealen Welt durch, wie Karl Moor, wie die Jungfrau. Oft genug – im Fiesko, im Carlos – wird die Autonomie des idealen Ziels gegen den Willen der Helden – durch Verrina, durch Posa – durchgesetzt. Daß aber die moralische Idee immer siegt, ist das metaphysisch-optimistische a priori des schillerschen Welterlebnisses; daß sie keineswegs durch den Helden zu siegen braucht, zeigt, wie wenig der Held und sein Geschick, sondern die Idee Zentrum der schillerschen Dichtung ist. So wenig ist Schiller Subjektivist – selbst in den „Räubern" nicht, in die der reife, tadelnde Goethe zuviel „Götz" hineinblickte –, daß es ihm weniger um das irdische Geschick des Helden, als um dessen Aufgabe zu tun ist. Aber nie erlebte Schiller den irdischen Träger der Idee unter dem Gut-Böse-Schema, mag er Sieger oder Unterlieger sein: seine Helden sind weder tragische Repräsentanten eines tiefsten Weltzwistes, noch Konkretionen eines ethischen Übermenschentum: sie sind erhaben, „groß und majestätisch im Unglück und durch Unglück gebessert, rückgeführt zum Vortrefflichen", weil in ihnen das Weltwesen über die Welterscheinung siegen will. Die metaphysische Notwendigkeit liegt nicht im Leben des Helden. Der kann untergehen. Er kann auch – wie Carlos – weiterleben. Über allen Revolutionen, über allen exzeptionellen Schicksalen exzeptioneller Menschen thront der unbesiegbare Sieger. Seine irdische Geburt ist die Majestät des Menschen. Mag der Heros auch untergehen: es ist nicht schade um die Menschen: „Der Zuschauer weine heute vor unserer Bühne und schaudere – und lerne seine Leidenschaften unter die Gesetze der Religion und des Verstandes beugen."

V.

Die Tragödie Schillers ist der Kampf zwischen einem kosmischen Sittengesetz und allem, „was nicht unter der höchsten Gesetzgebung der Vernunft steht; also Empfindungen, Triebe, Affekte, Leidenschaften so gut, als die physische Notwendigkeit und das Schicksal. Je furchtbarer die Gegner, desto glorreicher der Sieg; der Widerstand allein kann die Kraft sichtbar machen". Schillers Bösewichter sind so böse, damit der Sieg der moralischen Idee um so mächtiger erscheint. Ob Unmoral der Moral, ob Moral höherer Moral unterliegt: immer klingt aus dem Unterliegen ein Jubel; wie auch Christi Kreuzigung ein geheimer Jubel ist. –

✡

Kapitel VI

Die Tragödie Kleist

Motto: „Die Erscheinung, die am meisten bei der Betrachtung eines Kunstwerks rührt, ist, dünkt mich, nicht das Werk selbst, sondern die Eigentümlichkeit des Geistes, der es hervorbrachte, und der sich, in unbewußter Freiheit und Lieblichkeit darin entfaltet."

Die Tragödie Kleist ist die Tragödie des Grenzmenschen. Kleists Dasein ist ein Ende und ein Beginn: Ende des humanistisch-klassischen, Beginn des tragischen Zeitalters. An einem Tage ist in seinem Bewußtsein Zeitwandel geworden. Hierdurch wird sein Leben in zwei Stücke zerschnitten, doch so, daß im ersten das zweite noch kaum als Zukunft gegenwärtig ist, im zweiten aber das erste als Vergangenheit bestimmend wirkt. Kleists Werk fällt ganz in die Ära der neuen Epoche.

In Kleist ist der seelische Zerfall eines Zeitalters Erlebnis geworden: und erst damit ist dieses Zeitalters Zersetzung besiegelt. Der Beginn dieses Zersetzungsprozesses liegt weit zurück. Kleists Schicksal ist es gewesen, herauswachsend aus der Welt des klassisch-harmonischen Zeitalters und ganz in ihm befangen, eines Tages, auf äußeren Anruf, seine moderne Seele zu erleben und sich zu ihr bekennen zu müssen. So trägt er deutlich das Merkmal historischer Größe aufgeprägt; er hat die Seelensituation seiner Zeit ursprünglich erlebt und die Notwendigkeit ihrer Tendenz durchgeführt. Er steht seelisch zwischen zwei Zeiten. Er vollzieht den schmerzlichen Übergang. Durch seine zeitliche Bestimmtheit ist er berufen gewesen; aber viele sind berufen. Durch seine persönliche Aktivität ist er auserwählt: er desavouiert seine eigene, geliebte Vergangenheit.

I.

In den Jahren der ersten Reife umhüllt ihn jene geistige Atmosphäre, die durch drei Ingredienzien bestimmt ist: durch den Glauben an die Göttlichkeit und Heiligkeit der Vernunft, welche die Zeremonien der Religion zu ersetzen und die Gebote der Sittlichkeit außerhalb aller Konvention zu garantieren vermag; durch die Menschheit umschlingende Liebe, welche die scharfe und nüchterne Rationalität des Vernunftglaubens selig mildert und mit ihm die „Harmonie" zeugt; und durch die Fortschrittsgewißheit, die das historische Leben sinnvoll macht und dem Willen zur göttlichen Vernunft seine Durchsetzung garantiert. Diese klassische Aufklärung lebte und theoretisierte in vielen Spielarten. Aber jene Leitlinien bauten einen einheitlichen Seelentypus auf.

In diesem Bezirk ist die Aufgabe der einzelnen Seele eine pädagogische, keine ethisch-metaphysische: nicht eine Welt aufzubauen (denn die ist schon da), sondern den Weg in eine bestehende Welt hineinzufinden. So sind es auch pädagogische Versuche an sich und seinen Nächsten, die den jungen Kleist aufs stärkste in Anspruch nehmen. Seine Liebesbriefe an die Braut Wilhelmine von Zenge sind die Briefe eines Lehrers an eine Schülerin; eines Lehrers, der Fragen stellt, Anleitungen zur Lösung gibt und seine glühende Liebe ganz und gar im Bilden seines Zöglings auslebt. Wenn es in unseren Tagen als Merkmal der Liebe aufgestellt worden ist, den Menschen abgesehen von seinem Wert zu bejahen, so ist beim jungen Kleist, beim klassischen Menschen überhaupt, der Wert die atmosphärische Voraussetzung, unter der allein von Liebe überhaupt die Rede sein kann; die Möglichkeit des Auseinandertretens von Liebe und Verehrung charakterisiert einen anderen, unharmonischeren Menschentyp.

Kleist ist auch sein eigener Pädagoge: beständig baut er in den reifenden Jahren an seinem „Lebensplan". Dieser Plan erstrebt die Findung seines Weges zur Erreichung des ein für allemal fertigen Vernunftkosmos. Einst, vor seiner Zeit, hatte man dieses reflektierende Suchen nicht nötig und glaubte durch Geburt seinen Ort schon erhalten zu haben. Später, in der Zeit, in welche er hineinwuchs, glaubte man nicht mehr an das fixe, allgemein gültige Ziel, zu dem der Einzelne nur reflektorisch den Weg hinzuzusuchen hätte. Kleists Jugend steht in der Mitte der Zeiten: er verbindet die Gewißheit des allgemein gültigen Ziels mit der Wählbarkeit des Weges. Die Unruhe des Ausgangs ist mit der Ruhe des Endpunktes verknüpft.

Diese seine Welt verteidigt Kleist; und seine Verteidigung setzt dort ein, wo die ersten Einbruchstellen sich von ferne ahnen lassen. Die Integrität dieser Welt bedeutet ihm das Glück; unter dem Panier des Glückes kämpft er. Es ist charakteristisch genug, daß Kleist sich nicht, wie Kant, an der ethischen Erfüllung des theoretischen Vernunftanspruchs genügen läßt. Befriedigende Tätigkeit bedeutet ihm mehr als Konkretisierung der Wahrheit; er sucht die hedonistische Krönung. Denn er spürt, was die Klassik erst allmählich merkte, daß in der Konkretisierung der Wahrheit meist der Zwang steckt; und er fordert von der Harmonie noch Überbrückung der Kluft zwischen Vernunftkosmos und Wirklichkeit, psychologisch gesagt: die Mediatisierung des Müssens. Dieser Wille, die Kluft zu überwinden, trieb ihn zu der Aufgabe, das Unrationalisierbare und deshalb Unharmonisierbare, das Unglück, zu eliminieren. So mußte es für ihn „ein Glück geben, das sich von den äußeren Umständen trennen läßt". Und dieser Gefühlsexzentriker verzichtet sogar ausdrücklich auf die Exzessivität seiner Natur zugunsten der goldenen Mitte, um die Harmonie, um das Glück zu retten.

Einer hatte Harmonie und Glück und damit die Existenz der Klassik gefährdet: Kant. Wenn er auch in seiner Religionsphilosophie als echter Angehöriger der Goethe-Schiller-Zeit das Glück wieder zu Ehren brachte, indem er in Gott Vernunft und Wirklichkeit vereinte, so war doch durch seine radikale Gegenüberstellung von Glück und Tugend einmal ein Abgrund aufgerissen, der sich nie wieder ganz schließen sollte. Da setzten denn auch die theoretischen Schutzmaßnahmen Kleists zur Rettung der klassischen Welt bei dem Konflikt von Glück und Tugend ein. Er nennt Kant nicht; aber er schließt hier noch einen Kompromiß mit dem Kantschen Dualismus, er korrigiert ihn schillerisch. Erst zwei Jahre später ist er reif genug, um an einem anderen (rein theoretischen) Problem die Zersetzung der Klassik zu erleben und ein neues Zeitalter anzubahnen. Dieser Gefahrzone liegt eine zweite Dissonanz schon näher, die sogar bedenklich nahe dem späteren Durchbruchspunkte liegt, den er jedoch jetzt noch kompromißlerisch abstumpft, wenn er schreibt: „Über den Zweck unseres ganzen ewigen Daseins nachzudenken ... ist unfruchtbar... Was du für dieses Erdenleben tun sollst, das kannst du begreifen, was du für die Ewigkeit tun sollst, nicht." Hier verhinderte ihn noch jene Atmosphäre, der er entstammte, sich die Frage vorzulegen, ob es denn möglich wäre, eine irdische Wahrheit zu erkennen; als ob nicht die Wahrheit prinzipiell ganz oder gar nicht zu erkennen wäre und jenseits von irdisch und überirdisch gelte. Aber so stark herrscht noch das Dogma der metaphysischen Harmonie in ihm, daß er überzeugt ist, „in den großen, ewigen Plan der Natur einzugreifen, wenn ich nur den Platz erfülle, auf den sie mich in dieser Erde setzte". Es ist kein Großes, auf metaphysische Einsichten zu verzichten, wenn man sie als selbstverständlich vorausnimmt.

II.

In Kleist – bei der Geburt des tragischen Menschen – ist die Tragik noch nicht objektiv selbstgenugsam geworden. In Kleist haben wir noch nicht die tragische Welt, die erst Büchner, Hebbel und vor allem Strindberg ausgestaltet hat, sondern erst die tragische Stimmung, die Tragik im isolierten Subjekt; so ist Kleists Drama keine Welt, sondern die ständige Wiederholung des tragisch gestimmten Menschen. Es ist eine Folge dieser im Subjektiven verbleibenden, sich nicht zu einer Weltlogik und Menschendifferenzierung objektivierenden Tragik, daß Kleists Dichtungen keine Weltanschauungsdichtungen geworden sind, daß er sein Leben unter keinem Mythos (auch unter keinem tragischen Mythos, wie etwa Hebbel) leben konnte. Keine neue Welt ist an Stelle der zerstörten humanistischen Klassik getreten. Denn der Okkultismus ist mehr eine sinnige Arabeske als ein konstruktives Element in Kleists geistigem Haushalt. Durch Zeitströmungen ist er ihm nahegebracht worden: aber wenn wir an Homburgs Somnambulismus, an den mystischen Doppeltraum des Käthchen und des Wetter von Strahl und an die prophetische Weissagung der Mutter Penthesileas denken, so erkennen wir die periphere Bedeutung des Okkulten für den Kleistmenschen, das eigentlich nur die allgemeine Funktion der seelischen Entgrenzung ausübt. Auch seine Philosophie der Tat, Mischung des rationalistischen Ethikers Kant und des märkischen Patrioten Kleist, konnte die von Kants Theoretik aufgerissene Kluft nicht schließen, obwohl für Kant das Pflichtbewußtsein die große transzendente Lücke, die intellektuell nicht mehr ausfüllbar war, ausfüllte und obwohl Kleist versuchte, Kants Spuren zu folgen: „Ein großes Bedürfnis ist in mir rege geworden, ohne dessen Befriedigung ich niemals glücklich sein werde; es ist dieses, etwas Gutes zu tun.“ Das Abschwören aller Theoretik war die Reaktion gegen den Zusammenbruch des absoluten Intellektualismus, die sich – wie jede Reaktion –

ressentimentalisch äußerte: „Die Wissenschaften habe ich ganz aufgegeben; ich kann hier nicht beschreiben, wie ekelhaft mir ein wissender Mensch ist, wenn ich ihn mit einem handelnden vergleiche. Kenntnisse, wenn sie noch einen Wert haben, so ist es nur, insofern sie vorbereiten zum Handeln." Kant konnte nun wirklich die Metaphysik durch die Ethik ersetzen. Er schmuggelte den Vernunftkosmos unauffällig unter dem Deckmantel einer praktischen Philosophie wieder ein. Kleist enthüllte die rationalistische Konterbande. Er erlebte die echte Konsequenz, daß mit der Vernichtung der Möglichkeit einer metaphysischen Wahrheit auch die Vernichtung der Möglichkeit einer ethischen Wahrheit gegeben ist; daß es kein Handeln ohne ein (wenn auch unbewußtes) Ziel und kein wahres Ziel ohne metaphysische Wahrheit gibt. Sprengte diesen ehernen Ring, der vom metaphysischen Agnostizismus zum ethischen Agnostizismus lief, nicht sein Patriotismus? Was für Strindberg das nachatheistische Christentum war, das war für Kleist das Vaterland: die der Leere suggerierte Fülle. Und wie Kleist mit dem Kraftaufgebot des Ohnmächtigen Napoleon verfolgte, genau so täuschte sich Strindberg in seiner eifrigen Verfolgung der atheistischen Ketzer eine Positivität vor. Daß Kleists Patriotismus nicht ein sein Leben ausfüllendes Erlebnis war, beweist sein Selbstmord zur Genüge. Seine Napoleongedichte sind die Haßlyrik eines Entwurzelten. Und sein Haß gegen den reflektierenden Menschen war nicht der ethischen Hingabe an ein positives Ziel entsprossen, sondern dem Ekel vor seiner eigenen leerlaufenden Maschine. Denn die Substanz war geschwunden.

III.

So steckt der Kern der Tragödie Kleist in dem Substanzschwund, in der Verblassung der Seelenenergien des klassischen Humanismus. Und das Gesicht seines Daseins trägt den

Zug der Enttäuschung, einer Enttäuschung über das Schwinden des mitgeborenen Glaubens. Sein Leben und sein Werk stehen unter der Prägung, daß die absolute Forderung des Gefühls ihm nicht erfüllt worden ist.

Der klassische Humanismus, dem seine Jugend verhaftet war, wurde ihm an Kant zuschanden. Und die Zersetzung seines Jugendglaubens hat er nie verwunden. Kant war sein Führer in die neue Hölle. Zwar hatte Kleist schon zeitig die Gefährdung bemerkt, die von Kants Unterscheidung zwischen Glück und Tugend her drohte, doch hatte er noch immer mit der Sichtbarmachung der Risse innerhalb des aufklärerischen Idealismus gezögert, bis ihn der theoretische Skeptizismus Kants mit unentfliehbarem Griff packte: „Wenn alle Menschen statt der Augen grüne Gläser hätten, so würden sie urteilen müssen, die Gegenstände, welche sie dadurch erblicken, sind grün – und nie würden sie entscheiden können, ob ihr Auge ihnen die Dinge zeigt, wie sie sind, oder ob es nicht etwas zu ihnen hinzutut, was nicht ihnen, sondern dem Auge gehört. So ist es mit dem Verstande. Wir können nicht entscheiden, ob das, was wir Wahrheit nennen, wahrhaft Wahrheit ist, oder ob es uns nur so scheint. Ist es das letzte, so ist die Wahrheit, die wir hier sammeln, nach dem Tode nicht mehr – und alles Bestreben, ein Eigentum sich zu erwerben, das uns auch in das Grab folgt, ist vergeblich." Man kann diese Wiedergabe der „Kritik der reinen Vernunft" im Ausdruck fachlich bemängeln; man kann dies Erlebnis der „Kritik" aber nicht aus der Welt schaffen. Kleist hatte sich schon früher damit abgefunden, daß wir die transzendenten Probleme nicht lösen können. Daß wir aber auch die ethische Wahrheit irdischer Taten nicht finden sollten (was ja im Grunde genommen von seiner früheren Erkenntnis implizite schon mitgesagt war), das rührt nun auch seine schon vollzogene Resignation wieder auf. Denn nur in dem Gedanken hatte er resigniert, daß er dem Leben die Erkenntnis des Irdischen zugeteilt hatte, an die sich dann nach dem Tode die Erkenntnis des Transzendenten anschließen würde. Und nur unter dieser Voraussetzung war ja auch ein Lebensplan, das ewige Ziel seiner Jugend, aufzubauen. Kant rettete zwar die Möglichkeit eines Lebensplans, indem er scheinbar aus dem leeren Nichts eine Ethik herausspann, tatsächlich aber doch die vorgeblich zerstörte metaphysische Vernunft als Material für sittliche Lehrsätze hinüberschmuggelte. Kleist, der große konsequente und deshalb weiterführende Erbe, setzte dagegen die neuen, das 19. Jahrhundert überstrahlenden Worte: „Man sage nicht, daß eine Stimme uns heimlich und deutlich anvertraue, was recht sei. Dieselbe Stimme, die dem Christen zuruft, seinem Feinde zu vergeben, ruft dem Seeländer zu, ihn zu braten, und mit Andacht ißt er ihn auf." Mit keinem Formalismus, mit keiner la philosophie pour la philosophie betrog er sich. Die Einsamkeitsethik ist von Kleist gezeugt. Zwei Generationen trugen sie aus. Bis sie in Nietzsche die Welt eroberte.

IV.

Kleists Leben wandelte sich unter dem Einbruch der neuen Wahrheit: von nun an schwingt es um das Zentrum der Enttäuschung. So arm ist es geworden, daß es nicht mehr von einer Substanz, sondern nur noch von seiner Relation zu einer jetzt außerhalb seiner liegenden Substanz gespeist wird.

Heftigkeit und Melancholie, Einsamkeit-Sehnsucht und Gemeinschaftswille sind in gleicher Weise Ausdruck dieser Armut: „Das Unglück macht mich heftig, wild und ungerecht; doch nichts Sanfteres und Liebenswürdigeres, als dein Bruder, wenn er vergnügt ist." Hier haben wir den Schlüssel für die Spannung zwischen dem sanften Minnedichter des Holunderbuschtraumes und des Rosenfestes und dem drohenden Dichter der Haßgesänge „Penthesilea" und „Hermannschlacht". War Sinn und Ziel, also auch Gestimmtheit seiner Jugend durch sein Eingefügtsein in den harmonisch-humanistischen Kosmos bestimmt gewesen, so waren Folge der geistigen Revolution, die nichts Neues an Stelle des Alten zu setzen vermochte, die neuen Symptome seines Lebens: von der dezidierten Amtsfeindschaft bis zur Todessehnsucht.

Eines der charakteristischsten Merkmale des tragischen Menschen ist seine Sensibilität; denn da seine Seele sich nicht einkapseln kann in irgendein festes Gehäuse, liegt sie empfänglich und empfindlich da für jeden Angriff: „Meine Seele ist so wund, daß mir, ich möchte fast sagen, wenn ich die Nase aus dem Fenster stecke, das Tageslicht wehe tut, das mir darauf schimmert." Diese Sensibilität entstammt demselben Erlebnis wie die überfliegende, nirgends haftende Sehnsucht: der tragische Mensch kann sich nicht hingeben. Und auch Kleist bekennt, daß er sich nie an dem, was ist, sondern nur an dem, was nicht ist, erfreuen kann. Und er bekennt weiter, daß er gewohnt ist, sich widrige Gefühle zu schaffen, wenn er keine hat. Diese Gewohnheit wurzelt im Metaphysischen. Wer weiß, „daß diese Erde nichts geben kann, was ein reines Herz wahrhaft glücklich machen könnte", kann von den Inhalten der Welt nur noch gefüllt, nie mehr erfüllt werden. Welt und Seele haften nicht mehr zusammen. Der Untergang der Seele beginnt.

Der Zweiundzwanzigjährige denkt noch an ein Amt; er will erst für das Allgemeine, für das Leben sich bilden, um dann in einer spezifischen Arbeit seine Bestimmung zu erfüllen. In der seelischen Welt der Klassik können in einem Amt Ewigkeitswerte geschaffen werden. Das Allgemeine des Lebens und das Besondere des Amtes können harmonieren. Aber gerade in seiner Amtantipathie schon vor der großen Revolutionierung erkennen wir den, welcher das Idol Harmonie stürzen wird. Sein Ausspruch: „Ich arbeite nur für meine Bildung gern" verrät einen radikalen Individualismus, hinter dem nicht mehr der Glaube steht, daß Leistungen und Wünsche der Individuen wie durch prästabilierte Harmonie den Ämtern angepaßt sind; daß also das subjektiv Gewollte zugleich das objektiv Geforderte ist. Charakteristisch genug, daß Kleist das akademische Amt sich als eventuell notwendiges Kompromiß vorbehält; denn das akademische Amt verträgt wie kein anderes die Überwindung unpersönlicher Forderungen durch das Subjekt. Später aber stehen sich Amt und Freiheit, fremde Zwecke und eigene Zwecke fremd und drohend gegenüber; und in dieser Feindschaft zwischen Berufung und Beruf ist auch die tiefe innere Verkettung zwischen Armut und Genialität schon präformiert, die später bei Hebbel und Strindberg erst klar zutage tritt.

Es ist falsch, daß jeder geistige Mensch, bewußt oder unbewußt, zu einem Ziel hinlebt. Kleist ist der erste große Repräsentant des geistig ziellosen Menschen, der aber nicht (wie Grabbe) in die Lethargie der Materie, sondern in das Inferno des geistigen Chaos stürzt. Mit der Zertrümmerung des alten Ziels beginnt die Suche nach einem neuen. Es beginnt die Besorgnis vor falschen Sternen; es beginnt die Furcht, dies Leben ungenützt, d. h. ohne seine Berufung erfüllt zu haben, zu vergeuden. Und dies gehetzte, sterile Suchen bringt nun als Gegenwurf eine unermeßlich starke Sehnsucht nach Ruhe hervor, die Kleist sogar — so stark ist seine Sehnsucht — als kosmische Tendenz empfindet. Viele Erlebnisse seines Lebens lassen sich erst von dieser Sehnsucht nach Ruhe her begreifen. Liebe und Freundschaft; Verherrlichung des Landmannidylls und des ungeistigen Genießens; Buhlerei mit dem Katholizismus und Todessehnen blühen eher aus seiner Sehnsucht als aus seiner Seelenwirklichkeit hervor. Vergebliche Schutzmaßnahmen der Seele, leicht überwindbare Hindernisse zum Chaos! Auf dies allein tendiert sein Leben. In Paris, in Prag grinst es; am Wannsee siegt es. Kleists Leben ist heroisch gewesen, er hat versucht, die Leere zu überwinden. Und die Leere, die Konsequenz jeder metaphysischen Einsamkeit, ist der Gott, an dem der moderne Tragiker zerbricht. Ein halbes Jahrhundert vor seinem tragischen Bruder Nietzsche hat Kleist die dionysische Antike vorausgeahnt. Und hat in der Penthesilea die zweitgrößte Dramendichtung der tragischen Seele geschaffen:

> „Freud ist und Schmerz Dir, seh ich, gleich verderblich,
> Und gleich zum Wahnsinn reißt Dich beides hin."

Kleist ist der Typus des geistigen Menschen, dem Liebe, Ehe, Heim höchstens ein vorletzter Wert sein können. Offen bekennt er sich seiner Braut gegenüber zu dieser, seiner Rangordnung der Werte, die als oberstes Gesetz seiner Lebenserfüllung seine Berufung will. Der Braut weist er den Platz im Hause an, während ihm das Haus nur eine Hemisphäre des Daseins verkörpert. Deshalb sucht er nicht die vollkommene Frau. Er muß sie bilden nach seiner Melodie, damit sie sich einfüge dem Aufbau seiner geistig-seelischen Welt. Als dann die Revolution seines Innern das geistige Ziel entthront und somit die Spitze der Wertpyramide kappt, da erst wird der nächst höchste Wert beherrschend: „Ich fühle, daß mich weder die Ehre, noch der Reichtum, noch selbst die Wissenschaften allein ganz befriedigen können; nur ein einziger Wunsch ist mir ganz deutlich, du bist es, Wilhelmine." Doch wird die Liebe nur Ersatzziel. Und so ward die Braut die ewige Sehnsucht dieses Odysseus; nie erreichte er sie und ewig ersehnte er sie. Er war ständig auf der Flucht vor der Frau mit der Sehnsucht, ihr entgegenzufliehen. Daß er die wartende Braut nicht zur Frau machte, lag nicht an irgendeiner erotischen Problematik; lag vielmehr an dem ernsten Willen, jede Entschließung nur aus dem innersten Lebenskern zu vollziehen. Und mit allen anderen Entscheidungen suspendierte er auch die über die Ehe, als sich kein Kern bilden wollte.

Mit den Freunden lebte er wie mit den Frauen. Im Ideal der klassischen Freundschaft kam seine Sehnsucht erst zur Ruhe; aber diesem irrenden Geist war die klassische Freundschaft notwendig versagt. In seltener Weise war er von innigen Freunden umgeben: in hingebendster Freundschaft ermöglichte ihm Brockes die Würzburger Reise; selbst durch die Zwistigkeiten mit Lohse hindurch tönt noch ihr inniges Verhältnis; Ernst von Pfuel liebt er am meisten: „Ich habe Deinen schönen Leib oft, wenn Du in Thun vor meinen Augen in den See stiegst, mit wahrhaft mädchenhaften Gefühlen betrachtet... ich heirate niemals, sei Du die Frau mir, die Kinder und die Enkel." An Rühle von Lilienstern schreibt er: „Eine immer wiederkehrende Empfindung sagt mir, daß diese Brieffreundschaft für uns nicht ist, und nur insofern, als Du auch etwas von der Sehnsucht fühlst, die ich nach Dir, d. h. nach der innigen Ergreifung Deiner mit allen Sinnen, inneren und äußeren spüre, kann ich mich von Deinen Schriftzügen, schwarz und weiß, in leiser Umschlingung ein wenig berührt fühlen." Doch der Unstete lebt nicht in der Freundschaft, wie er nicht in der Liebe lebt. Keiner vermag ihn zu bergen vor dem großen Nichts. Sehnsucht bleibt alles, und Sehnsucht ist das Prägemal des tragischen Menschen.

Sehnsucht sind auch seine Schweizer Landmannspläne. Wir denken an Rousseau, einen der ersten großen Sehnsüchtigen des modernen Europa. Der Leerste sehnt sich nach dem Vollsten; sehnt sich, „ein Feld zu bebauen, einen Baum zu pflanzen und ein Kind zu zeugen". Sehnsucht ist auch sein Phantasiespiel mit ungeistiger Genußsucht. Sein religiöser Trieb zum Katholizismus ist Sehnsucht, die zum Romantikerbekenntnis führt: „mit Wollust würde ich katholisch werden". Einmal wird eine seiner Sehnsüchte Wirklichkeit. Die einzige Sehnsucht, die sich dem tragischen Menschen überhaupt erfüllen kann, die Sehnsucht nach dem Tod. Angesichts des Todes wird der Leere voll, der Ohnmächtige stark, der Melancholist hymnisch. Kleists Todesbriefe lassen ahnen, daß Nirvana nicht das Leerste, sondern das Vollste ist. Henriette Vogels Grab ist ihm lieber „als die Betten aller Kaiserinnen der Welt". Das Glück ist erreicht: die Irrlosigkeit hört auf. „Möge Dir", schreibt er an seine Stiefschwester Ulrike, „der Himmel einen Tod schenken, nur halb an Freude und unaussprechlicher Heiterkeit dem meinigen gleich." Im Tod findet Kleist Erfüllung; die negative Erfüllung der Ruhe ist dem Tragiker das höchste Positivum.

So kam es, daß trotz der vielen hingebungsvollen Frauen, trotz einer Reihe edler Freunde, Kleist einsam war. Kosmische Einsamkeit vernichtet jede irdische Gemeinsamkeit. Dem geselligen Leben war Kleist schon immer fremd; in jenes Netz von gleichen Meinungen, Interessen, Wünschen, Hoffnungen und Aussichten ließ er sich nicht hineinverweben. Er konnte keine „Rolle spielen"; das war – wir denken an Hebbel – seine Schüchternheit. Und doch bekundet er, daß man ihn nur fälschlich für isoliert halte, und daß keiner mit der Welt inniger verbunden sei als er. Es gibt eine gesellige, eine seelisch-geistige und eine abstrakte, rein menschliche Gemeinsamkeit: die beiden ersten stellen sich immer auch an der Oberfläche konkret dar. Die letztere bleibt meist unterirdisch und potentiell. Und das ist Kleists Fall. Er konnte sich eher mit einem Volk als mit einem Einzelnen verbunden fühlen.

V.

Die neue Einsamkeit hat im sentenzlosen Stil sich ihren neuen künstlerischen Ausdruck geschaffen. Solange Kleist noch nicht seine tragische Bestimmung erlebt hat, ästhetisiert er ganz aus dem Geiste der Klassik: „An jedem Gegenstand, sei er auch noch so scheinbar geringfügig, lassen sich interessante Gedanken anknüpfen, und das ist eben das Talent der Dichter, welche ebensowenig wie wir in Arkadien leben, aber das Arkadische oder überhaupt Interessante auch an dem Gemeinsten, das uns umgibt, herausfinden können." Seine eigene Dichtung widerspricht dieser Ästhetik. Seine eigene Dichtung ist nachklassisch. In ihr haben wir die Geburt des Realismus aus der nachklassischen Einsamkeit.

„Solange das Leben dauert, werd' ich jetzt Trauerspiele und Lustspiele machen . . . wäre ich zu etwas anderem brauchbar, so würde ich es von Herzen gern ergreifen: ich dichte bloß, weil ich es nicht lassen kann." Dies resignierte Motto zu seiner dichterischen Existenz verrät, daß sie nicht imstande war, die Lücke seines Lebens zu füllen. Wie sollte sie das auch? Talent und Neigung zu künstlerischer Gestaltung kann aus sich allein noch keinen Inhalt herausspinnen. So konnte das Erlebnis seines Dichtertums die entschwundene Welt nicht ersetzen. Sein Künstlertum konnte nur die Trauer über das Verlorene und die Enttäuschung über den Verlust zum Ausdruck bringen. Diese enttäuschte Trauer ist das Spezifische des tragischen Menschen bei Kleist.

Es gibt keine Tragödie an sich. Ein jedes Welterlebnis hat seine eigene, nur ihm zugeordnete tragische Idee. Der tragische Held des Aeschylus ist ein anderer als der tragische Held Shakespeares. Der tragische Held Schillers ist ein anderer als der tragische Held Kleists. Es charakterisiert den modernen tragischen Helden – und damit nähert er sich der Antike –, daß seine Tragödie nicht mehr Widerspiel eines aufsässigen Individuums wider den übergeordneten Kosmos ist, ein gewaltiges Aufbäumen und selbstverständliches Unterliegen, sondern daß die Zwiespältigkeit selbst kosmisch ist. Der spezifische Charakter des nachschillerschen Tragikers erhält nun bei Kleist seine individuelle Färbung dadurch, daß er das Bewußtsein eines Mythos (des klassisch-humanistischen) nur als verlorene Vergangenheit in sich trägt. So haben wir im enttäuschten Menschen das Kleistsche Herzerlebnis eingeschlossen; in dem Menschen, dessen Gefühl verwirrt ist. Alkmene ist jenem gleichen Illusionismus verfallen wie Kleist: ihr sicherstes Gefühl, ihr Evidenzbewußtsein, irrt offenbar, und nur pantheisierender Nebel verhüllt hier die

Tragödie. Penthesilea ist die gewaltigste Dichtung der Enttäuschung:

> „Des Lebens höchstes Gut erstrebte sie,
> Sie streift, ergriff es schon:
> Die Hand versagt ihr,
> Nach einem andern noch sie auszustrecken."

Wahnsinn ist der sichtbare Erfolg der Enttäuschung. Die absolute Forderung des Gefühls ist nicht erfüllt. Und es steigert noch die Bedeutung des Subjektiven aller Enttäuschung, daß Penthesilea den Achilles fälschlich für lieblos hält. Ihr Wahnsinn ist das Durcheinander aller Gefühle. Auch Strindbergs Liebeshaß ist hier geboren. Vom Käthchen sagt Kleist: es gehört mit der Penthesilea zusammen, wie Plus und Minus. Käthchen ist eine Penthesilea, deren Gefühl nicht verwirrt worden ist. Aber gerade hier sieht man noch deutlicher als in der „Penthesilea" das absolute Postulat einer subjektiven Welt, Wahrheit zu sein. So spiegelt das Käthchen zwar nicht wie die Penthesilea den tragischen Menschen Kleists wider, da die subjektive Forderung sich hier erfüllt. Käthchen von Heilbronn zeigt aber in herrlichem Bilde die vortragische Seelensituation des tragischen Menschen. Der tragische Mensch Kleists ist also der Mensch der Enttäuschung, dessen innerstem gläubigstem Gefühl unabweisbar widersprochen wird. Alkmenes Verwirrung; Penthesileas Rache an Achilles und Thusneldas Rache an Ventidius; Homburgs Fassungslosigkeit und das Entsetzen der Marquise von O. bei der Enthüllung ihrer Verführung; Kohlhaas' Revolution, deren Motiv dem Karl Moors formal gleich ist und gleiche Wirkungen erreicht und dessen Tragödie doch weltenfern von der Räubertragödie liegt; Gustavs Mordtat in der „Verlobung von St. Domingo" und des Kämmerers beschwörende Rede im „Zweikampf": all diese seelischen Eruptionen wiederholen das eine große Kleistsche Kernerlebnis der Dementierung des innersten Gefühlsglaubens. Und es ist kein Zufall, daß Kleist

— bisweilen an der Grenze der Dichtkunst anlangend —, ähnlich wie später Schopenhauer und Nietzsche, die Musik für die „algebraische Formel aller übrigen Künste" hielt.

Kleist gewann noch nicht die Freiheit, das tragische Ich auf die Welt zu projizieren. Er gab erst der tragischen Seele das suggestive, das tiefenthüllende, das todessüße Wort. Durch Kleist ist ein ewiger Mensch zum Wort erwacht. Nach ihm aber kam der, dessen Blick nicht mehr von der Gorgone Vergangenheit versteinert werden konnte, weil sie nie seine Gegenwart gewesen war: Georg Büchner zeichnete als der große Wortzauberer nach Goethe die ersten Umrisse der tragischen Menschenwelt. —

✡

Kapitel VII

Büchner

Büchner hat in einem Brief aus Straßburg an die Familie besonders hervorgehoben, daß er nicht zum jungen Deutschland, der literarischen Partei Gutzkows und Heines, gehöre. Sie glaubten durch Tagesliteratur die religiösen und gesellschaftlichen Ideen umformen zu können. Er untersuchte die metaphysischen Fundamente der modernen Gesellschaft.

Büchner war aber auch nicht bei der Gegenpartei, den Romantikern. „Ich bin kein Verehrer der Manier à la Schwab und Uhland und der Partei, die immer rückwärts ins Mittelalter greift, weil sie in der Gegenwart keinen Platz ausfüllen kann", schreibt er in einem Bekenntnisbrief an Karl Gutzkow.

Er gehörte also weder zur Partei noch zur Gegenpartei. Es war keine Eigenbrödelei, sondern sein Schicksal, daß er sagen mußte: „Ich gehe meinen Weg für mich." Der Kreis, dem er angehört, ist nicht eine Gruppe gleichgestimmter Zeitgenossen, sondern ist — wie bei allen königlichen Menschen — die geistige Aristokratie des Jahrhunderts. Kleist, Hebbel, Grabbe, Schopenhauer, Nietzsche, Strindberg sind seine nächsten Verwandten. Mit ihnen verbindet ihn der eine Typus, in dem sie alle wurzeln, dessen Varianten sie alle sind: die tragische Seele. Dem Klassizismus, dem die Welt — wenn auch in schon stark verdünnten Begründungen, wenn auch schon stark verklausuliert — noch eine Theophanie gewesen ist, wird hier das atheistisch-pessimistische Erlebnis des nachgoetheschen Menschen entgegengestellt.

Büchners Werk ist in Gesinnung und Formung ein einziger großer Widerspruch gegen den idealistischen Humanismus. Und zwar nicht nur ein Widerspruch gegen das Epigonentum, das sich damals gerade breitzumachen begann, sondern vorzüglich gegen den echten Kern der Klassik, die Schiller-Humboldt-Ära. Kleist hatte sich schmerzvoll seinen Weg bahnen müssen von dem harmonisch-idealistischen zum tragischen Zeitalter unter Führung des kantischen Skeptizismus. Büchner wird schon in die neue Zeit hineingeboren. Die harmonische Welt des deutschen Idealismus ist für ihn nie seelische Wirklichkeit gewesen.

I.

„Warum leide ich? Das ist der Fels des Atheismus. Das leiseste Zucken des Schmerzes, und rege es sich nur in einem Atom, macht einen Riß in der Schöpfung von oben bis unten." Wenige Jahre vorher hatte Schopenhauer in seinem Hauptwerk eine ähnliche Frage ähnlich beantwortet.

Büchner baute nun sein atheistisch-pessimistisches Urerlebnis eigentümlich aus, indem er es spinozistisch verbegrifflichte. Er studierte Spinoza mit Leidenschaft und machte sich — wie es viele vor ihm getan hatten, zuletzt noch Mendelssohn, Jacobi, Goethe — den Spinoza höchstpersönlich zurecht. Zunächst strich er ihm seinen Gott. Es war vor allem Spinozas radikaler Anti-Idealismus, der Büchners Welt so gut wiedergab. „Alles, was ist, ist um seiner selbst willen da", schreibt Büchner in seiner Arbeit über die Schädelnerven der Fische. Echt spinozistisch bekämpft er die theologische, auf einen Endzweck hinorientierte Weltansicht in gelehrten wissenschaftlichen Ausführungen, wie in pathetischen und satirischen Dialogen; die Dinge des Daseins sind aus der Ursache, nicht aus dem Zweck zu verstehen; doch läßt Büchner sich auch

— seiner pessimistischen Grundstimmung untreu werdend — bisweilen verführen, das zweckmäßige Aufeinander- und Zusammenwirken anzusehen „als die notwendige Harmonie in den Äußerungen eines und desselben Gesetzes, dessen Wirkungen sich natürlich nicht gegenseitig stören". Das ist Goethescher, nicht Büchnerscher Spinozismus und auch nur eine vereinzelte Enklave in seinem Ideenreich. Denn immer wieder entstehen neue Geburten aus dem atheistisch-pessimistischen Kernerlebnis, und zu Spinoza gewendet, spricht er: „Sie müssen mir zugestehen, daß es gerade nicht viel um die himmlische Majestät ist, wenn der liebe Herrgott in jedem von uns Zahnweh kriegen, den Aussatz haben, lebendig begraben werden oder wenigstens die sehr unangenehmen Vorstellungen davon haben kann."

Georg Büchner war kein Populärmaterialist wie sein Bruder Ludwig, der aus Kraft und Stoff das Universum aufbaute. Gewiß war auch Georg in beträchtlichem Umfang der größten Mode des 19. Jahrhunderts, dem Materialismus, untertan. Aber wider die Konsequenz des Systems stand sein Genius, der ihn (ähnlich wie später Nietzsche!) über den platten materialistischen Rationalismus hinaushob: er wußte um seine Seele, und daß sie nicht auflösbar wäre in einem nackten Kalkül aus Kraft und Stoff; und er begriff die Welt aus seiner Seele und nicht aus einer mageren Theorie. Diese seine gottlose, nackte Seele — wie sie im Danton und Leonce, im Woyzeck und Lenz porträtiert ist — ist das Zentrum der Welt: und nicht nur gottfern ist sie, auch kulturfremd, ohne jedes Lebensziel. Ist alles nur ursächlich bestimmt, hat die Welt keinen Sinn, so hat auch des Menschen Dasein keine Aufgabe. (Kleist lief genau die gleichen Gedankenspuren entlang.) Ist dem Menschen aber nichts aufgegeben, so quält ihn die Langeweile wie Leonce, der alle Genies, Dummköpfe und Heilige als verkappte Müßiggänger entlarvt, oder er versinkt in die Geruhsamkeit kulturfreien Genießens wie Valerio, oder er wird wahnsinnig wie Lenz, der

Jugendfreund Goethes, dessen Wahnsinnsweg Büchner in einer unbeschreiblich schönen Novelle geschildert hat. Die Ableitung der Kultur aus der Langeweile (dem Ennui), ein Grundthema Büchners, ist später der unerschöpfliche Gegenstand der französischen Romantik, der Goncourt, Flaubert, Baudelaire, Chateaubriand geworden. „Kennen Sie — sagt Flaubert in der ‚Correspondence' — den Ennui? Nicht diesen gewöhnlichen, banalen Ennui, der aus dem Nichtstun oder aus der Krankheit entspringt, sondern diesen modernen Ennui, der den Menschen in seinen Eingeweiden anfrißt, und der aus einem klugen Wesen einen Schatten macht, der umhergeht, ein Phantom, das denkt?"

Der Revolutionär Danton, der Prinz Leonce, der Füsilier Woyzeck kommen jeder aus einem anderen Lebensbereich. Aber sie wandern alle zum gleichen Ziel: in das Nichts. Revolutionär, Prinz und Füsilier sagen uns, daß das tragische Weltbewußtsein an jeder Stelle der Menschheit durchbrechen kann, wenn es auch immer in anderen Formen erlebt wird, je nach dem, welche zufälligen Lebensumstände den einzelnen bestimmen. Der revolutionäre Held kommt zum Nichts durch Einsicht in die Zwecklosigkeit seiner Tat; der Prinz kommt eben dahin durch Langeweile, durch die überwältigende Monotonie des Nichtstuns, also durch ein spezifisches Prinzenerlebnis. Dem armen Füsilier verdichtet sich die Welt zum Ort des Erleidens. Er sieht diese irdische Hölle mit dem zweiten Gesichte, das nicht nur die Buntheit der einzelnen konkreten Fragmente, sondern die Fahlheit des Universums erschaut. Seine Bestimmung ist Knechtschaft. Sklaverei ist für ihn die Pforte zum Nichts.

Wie nun Danton, Leonce und Woyzeck, in verschiedenen Schicksalen eingefangen, das gleiche erleben: „Der Mensch ist ein Abgrund; es schwindelt einem, wenn man hinunterschaut," und wie alle — am sichtbarsten Lenz — von diesem Schwindel gepackt werden, so sind auch die Welten, die sie umgeben, nur Teilausschnitte einer einzigen Welt. Die Revolution steht in Überblüte. Die Revolutionskarren fahren noch unablässig zum Richtplatz. Die Revolutionsphrasen wuchern. Eine billige Römerromantik macht jeden betrunkenen Pöbelmann zum Kato; jede aufgetakelte Hure, die sich von der Wollust der Reichen mästet, zur Lukrezia; jede Jacqueline zur Kornelia; jeden neugeborenen Wurm zum Sohn der Republik und jede schlaffe Frauenbrust zum Euter der römischen Wölfin. Wer kein Loch im Rock hat, muß nach revolutionärem Sittenkodex totgeschlagen werden, weil Armut Tugend ist. Und wer lesen und schreiben kann, ist ein ebenso verruchter Aristokrat wie jeder, der ein Taschentuch besitzt. Unter dieser grellen Draperie, unter Clownsgewändern aus Fetzen voltairescher und rousseauscher Weisheit und altrömischer Virtus stinken obszöne Fratzen mit lasziven Wünschen und Begierden. Alle gesellschaftlichen Bindungen sind zerstört und mit ihnen der organisierende Lebenskern; jetzt verwest die große Leiche Volk; das Aas Pöbel fluoresziert Zoten. Und während die große anarchische Masse schon im Privaten jeden Halt verloren hat, wird sie noch sekündlich zu großen politischen Entscheidungen aufgerufen. Da wankt und schwankt sie nach dem Schwerkraftsgesetze ihrer Seele, eine leichte Beute dem Skrupellosen. Wird im Revolutionsstück vornehmlich der Pöbel gezeichnet, in „Leonce und Lena“ vornehmlich das Herrentum, so im „Woyzeck“ die Bourgeosie. Pöbel, Herrentum und Bourgeoisie sind eins — Pöbel. Die Masse hängt jeden als Aristokraten auf, der sich nicht mit den Fingern schneuzt; der Hof befiehlt, was die Untertanen „spontan“ zu seiner Ehre und Bequemlichkeit zu tun haben; und der Bürger hat die Moral gepachtet und benutzt den Armen entweder als Experiment oder als Folie, vor der sich seine Oberflächensauberkeit gut macht.

Die Ableitung der Kultur aus dem drohenden Wahnsinn steht unausgesprochen hinter Büchners Werk. Aus dieser Öde und Leere des tragischen Menschen schreibt Büchner aber nun das leidenschaftlichste, zielbewußteste politische Manifest, lenkt sein Danton die gewaltigste europäische Revolution, und von Lenz heißt es: „Je leerer, je kälter, je sterbender er sich innerlich fühlte, desto mehr drängte es ihn, eine Glut in sich zu wecken." Der gleiche Vorgang ereignet sich ein halbes Jahrhundert später, wenn aus Nietzsches Höllenvisionen die lichteste, lebensfreudigste, zielbewußteste Utopie, der Übermensch, geboren wird. Des tragischen Menschen Wille zur Politik ist widerlogisch, eines der rätselhaftesten Menschheitsereignisse; denn das Erlebnis des großen Nichts müßte konsequent zur Apraxie führen, zum Hände-in-den-Schoß-legen. Büchner und sein Danton sind revolutionär nach dem geheimnisvollen Gesetz des tragischen Menschen, daß aus der leersten Seele plötzlich die gewaltigste Glut hervorbricht, daß der, welcher den Unwert aller Schöpfung erlebt hat, widerlogisch schöpferisch wird.

Danton, der Revolutionsheld, hat die Republik errettet; und Danton, der Volksliebling, kann sich nicht selbst retten. Danton, der Demokrat, stürzt das anciem régime, und Danton, der Aristokrat, hat eine empfindliche Nase und sensible Nerven. Aus welchen Gründen stammen die zwei Dantons? Aus dem Abgrund der tragischen Seele! Sie schwingt zwischen Polen. Sie glaubt nicht und hofft nicht: „Die Erde ist eine dünne Kruste, ich meine immer, ich könnte durchfallen, wo sie ein Loch hat." Aus diesem Wissen stammt die Lähmung, die ihn befallen hat, die ihn müde macht, die ihn isoliert. Danton, nicht Robespierre, hat Danton besiegt: dies ist der Kern dieser Tragödie, die ohne diesen Sinn ein schlechtgemachtes Intrigantenstück wäre. Der Revolutionär Danton ist ein Paradox wie jeder tragische Held: denn in ihm lebt die Sucht zur Einsamkeit, die ihm Geliebte und Freunde und bürgerliche Gemeinschaft entfremdet. Jeder Zweck, jedes Ziel ist sinnlos. Das Jetzt und Morgen steht in keinem Fortschrittszusammenhang; die Zeit wird atomisiert in qualitätsgleiche Momente. Das Erlebnis der Monotonie zerstört die Vitalität des Lebens, das ewig sich wiederholende Anziehen und Ausziehen wird zum lähmenden Symbol. Die Erkenntnis, daß jede Tat Maske ist, weil sie beliebig ist, hemmt alles Schaffen. Hier liegt das tiefste Motiv zu Dantons Tod begraben: „Das Leben ist nicht der Arbeit wert, die man sich macht, es zu erhalten." Selbst Dantons Liebe ist Liebe zum Grab. So wird auch der stärkste Lebenstrieb pessimistisch abgewandelt.

Wie ist aber dieser müde, in seinem Lebensmut gebrochene Danton zum Helden geworden? Zeigt uns Büchner nicht nur den Tatenlosen, der mit schlaffen, abgespannten Muskeln nicht einmal mehr das eigene Leben schützen kann? Ist es da nicht schwer, an den Schützer der wildumbrandeten Republik zu glauben? Es ist der Charakter der tragischen Seele, mitten aus dem Versinken, aus dem Eingehen in das Nichts den heroischen Pfeil abzuschießen. Wir glauben schon an Dantons Kraft, wenn er nur als Chronist seines eigenen Heldenlebens von der Menge umjubelt wird, und verstehen den übermenschlichen Druck, der auf ihm lastet; denn kein Zukunftsparadies, kein Gerechtigkeitsschema hilft ihm die Sehne spannen. „Warum hast du den Kampf begonnen?" fragt Camille. Und Danton antwortet: „Die Leute waren mir zuwider. Ich konnte dergleichen gespreizte Katone nie ansehen, ohne ihnen einen Tritt zu geben. Mein Naturell ist einmal so." Hier spricht der tiefe Pessimismus, der nur noch eins pathetisch nimmt, das Unpessimistische, den Egoismus, der die Ereignisse unterhalb der Epidermis des Einzelnen als letzte Wichtigkeit mit Ernst und Würde behandelt. Kein Gott auf dem Sinai und keine moralische Weltordnung, wie sie noch Fichte deduziert hat, stützen dies pessimistische Ethos. Danton muß jeden moralischen Katechismus als Dummheit oder verlarvte Selbstsucht bekämpfen. Welten trennen ihn von dem Mitrevolutionär Robespierre, dem dogmatisch-egoistischen Moralisten, der fest auf fester Erde steht und zwei Sorten Menschen katalogisiert: die Guten und die Schlechten, die Böcke und die Schafe, die schwarzen und die weißen Seelen, und der nun den einen die Köpfe abrasiert und den andern einen Lobstrich gibt, als wäre die Erde eine Schulklasse und Robespierre „der Polizeisoldat des Himmels". Danton sieht hinter der diskret geschlossenen Form der Vornehmen, der moralischen Phraseologie des Pöbels und dem blitzblanken Tugendstolz des Moralisten das widerlichste Ereignis des Daseins: den aufgeblähten, gespreizten Wichtigtuer. Dantons Revolution ist nicht moralistisch-optimistisch, sondern metaphysisch und pessimistisch. Er revolutioniert nicht um eines positiven Zieles willen, sondern aus Antipathie gegen eine Verlogenheit, die ihre Raubtierhaftigkeit moralisch-ideologisch verbrämt. Er revolutioniert aus Erkenntnis und aus Mitleid. Ist es ein Wunder, wenn er dieser Revolution müde wird bei der Einsicht, daß Auflösung der alten Macht nur zu Chaos oder neuer Macht führt? Nur der Glaube an die mögliche Realisierung einer Utopie schafft den starken Revolutionär. Danton ist nur Revolutionär aus Antipathie. Büchner hat den „Hessischen Landboten" geschrieben und die Untergangsgesichte des Danton und Woyzeck gehabt. Ihm war ein Dantonschicksal beschieden. Die ganze Welt war sein Robespierre, dem er unterlag.

Die materialistische Geschichtsauffassung hat Büchner schon vor Marx konzipiert: daß „nur das notwendige Bedürfnis der großen Masse Umänderungen herbeiführen kann"; daß „alles Bewegen und Schreien der einzelnen vergebliches Torenwerk ist"; daß „in der Menschennatur eine entsetzliche Gleichheit, in den menschlichen Verhältnissen eine unabwendbare Gewalt, allen und keinem verliehen"; daß „der einzelne nur Schaum auf der Welle, die Größe ein bloßer Zufall, die Herrschaft des Genies ein Puppenspiel, ein lächerliches Ringen gegen ein ehernes Gesetz"; daß „das Verhältnis zwischen Armen und Reichen das einzige revolutionäre Element in der Welt ist" ... diese Vorwegnahmen einer materialistischen Geschichtsauffassung sind bei Büchner – das darf man nie vergessen – nur die empirische Fassade vor einer pessimistischen Metaphysik, die allein die Welt ausdrückt, der seine Seele angehört. Das eigentliche Weltgeschehen, von dem der materialistische Geschichtsaspekt nur einen Oberflächeneindruck gibt, ist die mystische Entstehung der Schöpfung aus dem Nichts durch Frevel: „Das Nichts hat sich ermordet, die Schöpfung ist seine Wunde, wir sind seine Blutstropfen, die Welt ist das Grab, worin es fault." In Strindbergs „Traumspiel" ist dieses Weltgefühl (in Anlehnung an Schopenhauer) später künstlerisch vollkommen dargestellt worden, mit unzulänglicheren Mitteln in Wagners Nibelungenring-Dichtung. „Die Welt ist das Chaos, und das Nichts der zu gebärende Weltgott ...": in dieser Perspektive einer Erlösung zum Nichts trifft sich Büchner mit Buddhismus, „Götterdämmerung", „Traumspiel" und dem vierten Buche der „Welt als Wille und Vorstellung"; in dieser Atmosphäre leben die tragischen Helden Georg Büchners.

Erst von hier ist es zu verstehen, wie der Demokrat Büchner zu einer aristokratischen Rangordnung der Menschen gelangen kann, wie der Nihilist Büchner Politiker wird, während doch der kausale Zufall, der Kraft und Stoff in verschiedener Dosierung mischt, weder gute noch schlechte, weder schützenswerte noch hassenswerte Kreaturen hervorbringt. Wenn Büchner alle sogenannten Geistesaristokraten bekämpft, wenn er ausdrücklich bekennt, daß er niemand verachtet, „am wenigsten wegen seines Verstandes oder seiner Bildung, weil es in niemandes Gewalt liegt, kein Dummkopf oder kein Verbrecher zu werden – weil wir durch gleiche Umstände wohl alle gleich würden", und daß Verstand und Bildung nur eine sehr geringe Seite unseres geistigen Wesens darstellten, so darf man doch nicht vergessen, daß er den Aristokraten Danton zwar teils als

Dekadent, andernteils aber als Genie gesehen hat, der durch Erkenntnis des Weltwesens seine Mitmenschen intellektuell und moralisch überragt. Büchner hätte ebensowenig wie Gerhart Hauptmann den geistigen, den moralischen Haß gestalten können, bestände nicht zwischen Kreatur und Kreatur der Unterschied, daß die eine voll Mitleid und von der Erkenntnis der menschlichen Einheit aller Geschöpfe beseelt ist, während die andere verhärtet um ein paar privater Flitter willen das Mitgeschöpf verrät. Büchners Haß gilt denen, die sich mit Bildung und Gelehrsamkeit bunt drapieren, um die Mitmenschen ihrem Egoismus zu unterwerfen. In Briefen an die Familie, in anklägerischen Szenen, in den Parodien der Komödie kämpft er unermüdlich und zielbewußt. Dieser Haß ist die negative Komponente der revolutionären Triebkraft; die positive Komponente ist inniges Mitleid: Woyzeck ist im tiefsten Revolutionär vom Schlage des Danton; die Erde ist hohl, der Mond ein Stück faules Holz, die Sonne ein verwelktes Sonnenblümelein, und die Sterne „goldene Mücklein, die sind aufgespießt auf Schlehendörner und sterben". Woyzeck lebt in seinen Gesichten: sie zeigen ihm Grab und Verwesung; er ist von jener passiven Aktivität, die in den „Webern" überlebensgroß dargestellt ist. Im Grunde sind Danton und Woyzeck ebenso unpolitisch wie die „Weber" und wie Büchner selbst. Der Student schreibt im Februar 1834 aus Gießen an die Familie: „Der Gedanke, daß für die meisten Menschen auch die armseligsten Genüsse und Freuden unerreichbare Kostbarkeiten sind, macht mich sehr bitter . . . ich hoffe noch immer, daß ich leidenden, gedrückten Gestalten mehr mitleidige Blicke zugeworfen, als kalten, vornehmen Herzen bittere Worte gesagt habe." Die Sympathie überwiegt die Antipathie. Büchner ist unpolitisch wie jeder Nihilist, der zwar ein negatives, aber kein positives Ziel besitzt.

Büchners „Sozialismus" ist in keiner Pflichtenmoral begründet. Wie Büchner bei der theoretischen Konstruktion der

Welt den Dualismus ablehnt, so wehrt er sich auch gegen die Anerkennung eines „Du sollst", gegen jede „idealistische Moral", die einen Riß in die Welt bringen muß. Sein Ideal ist symbolisiert in Menschen, in welchen Trieb und Tat bruchlos ineinander sind: die Grisette und der Landstreicher sind vom Dichter am liebevollsten gestaltet. „Handle deiner Natur gemäß", mit dieser neuen, schon auf Wedekind verweisenden Forderung versucht Büchner die idealistische Zerklüftung der Seele zu überwinden. Ziel einer jeden Seele ist Glückseligkeit, und „es läuft auf eins hinaus, an was man seine Freude hat: an Leibern, Christusbildern, Weingläsern, an Blumen oder Kinderspielsachen; es ist das nämliche Gefühl; wer am meisten genießt, betet am meisten." Und zugespitzt sagt er im Paradox: „Der Schmerz ist die einzige Sünde, und das Leiden ist das einzige Laster."

Dieser höchste Epikurismus ist über einem pessimistischen Welterlebnis eine leise Weltbejahung, ein heimliches Genießen des Daseins; nicht schopenhauerisch-asketisch, nicht nietzschisch-dionysisch beantwortet Büchner das Fragen seiner Vitalität, sondern epikureisch, leise den süßen Duft atmend, der über dem Moder der Welt lagert: „Jeder handelt seiner Natur gemäß, das heißt, er tut, was ihm wohltut." Die erzwungene Moral des „Du sollst" ist entweder der Luxus des Bürgers (wie sie „Woyzeck" belichtet) oder das Dogma des raffinierten Egoisten, des Engstirnigen und Engherzigen, das Danton an Robespierre entlarvt.

Eine soziale Moral (die nicht verwechselt werden darf mit sozialer, nicht aus der Pflicht, sondern aus dem Mitleid geborener Leidenschaft) kennt der tragische Mensch nicht; denn da ihn keine Idee, kein positives Menschheitsziel an seine Mitmenschen bindet, und da ihn ihre Wahngebilde von Fortschritt und Aufgabe abstoßen, ist er einsam und ohne Gemeinschaft. In solch einer undurchdringlichen Einsamkeitsschicht leben Danton, Leonce, Woyzeck und Lenz. Und nirgends wird sie so stark fühlbar wie in ihrer Liebe, die doch – wie kein anderes seelisches Ereignis – Isolation aufzuheben vermag. Büchners Verkehr mit seiner Braut ist hier prototypisch für Danton und Julie, Leonce und Rosetta, Woyzeck und Marie. Diese Liebe ist wie das Umkreisen einer Seele in weiteren und engeren Bögen. Mit unabsehbarer Gewalt drängen die Kerne aufeinander, zur Verschmelzung hin. Aber es ist, als wäre dem männlichen Planeten eine magische Grenze gezogen, die es ihm verböte, in seine Sonne zu fallen. Liebe wird zu qualvoller Sehnsucht, obwohl keine nennbare Hemmung am Werke ist. Büchners wenige Liebesbriefe sind so erschütternd, weil man vergeblich in äußeren Umständen, ungünstigen Konstellationen die Quelle ihrer unheilbaren, zitternden Melancholie sucht. Und selbstverständlich ist die Fremdheit zu den größeren Gemeinschaften noch stärker; Leonce möchte eher seine Demission als Mensch geben, als ein nützliches Mitglied der menschlichen Gesellschaft zu werden. Und wenn es von Lenz heißt: „er fühlte in einzelnen Augenblicken tief, wie er sich alles nur zurechtmachte", so werden wir an die tiefsten Motive kleistischer Gesellschaftsfeindschaft erinnert.

II.

Künstlerische Originalität besteht in der völligen Angepaßtheit des Stils an den Gehalt. Nur wenn die Form eines Kunstwerks wirklich Ausdruck, Widerspiegelung, spezifische Fassung bestimmter Erlebnisse und Gedanken ist, nur dann ist sie wesentlich.

Büchners visionärer Realismus ist das echte Erzeugnis seines atheistischen Materialismus und seines tragischen Menschentums. Der Materialismus trieb den künstlerischen Realismus, der Pessimismus die metarealistischen Visionen hervor. Auch hier seine Hauptfront gegen die letzte idealistische Kultur und ihren falschen Erben, das Epigonentum, gegen Stilisierung und klassizistische Manier: „Der liebe Gott hat die Welt wohl gemacht, wie sie sein soll, und wir können wohl nicht was Besseres klecksen; unser einziges Bestreben soll sein, ihm ein wenig nachzuschaffen.“ So fordert er in seinem Kunstprogramm, das er Lenz in den Mund legt, als einziges Kunstkriterium nicht die Entscheidung über schön oder häßlich, sondern ob das, was geschaffen sei, Leben habe. Shakespeare, die Volkslieder, bisweilen Goethe sind seine Meister. In der idealistischen Stilisierung beleidigt ihn die Verachtung der menschlichen Natur. Die Entstehung der detaillistischen Kleinmalerei aus dem Trotz gegen das idealistische al fresco ist deutlich zu erkennen. So sind Büchner die holländischen Maler lieber als die italienischen, und beim Apoll von Belvedere oder einer raffaelschen Madonna fühlt er sich tot. Hier ist die Geburtsstunde des echten Realismus: „Schnitzt einer eine Marionette, wo man den Strick hereinhängen sieht, an dem sie gezerrt wird und deren Gelenke bei jedem Schritt in fünffüßigen Jamben krachen – welch ein Charakter, welche Konsequenz! Nimmt einer ein Gefühlchen, eine Sentenz, einen Begriff, und zieht ihm Rock und Hosen an, macht ihm Hände und Füße, färbt ihm das Gesicht und läßt das Ding sich drei Akte hindurch herumquälen, bis es sich zuletzt verheiratet oder totschießt, ein Ideal! Fiedelt einer eine Oper, welche das Schweben und Senken im menschlichen Leben wiedergibt, wie eine Tonpfeife mit Wasser die Nachtigall – ach, die Kunst! Setzt die Leute aus dem Theater auf die Gasse – die erbärmliche Wirklichkeit! – Sie vergessen ihren Herrgott über seinen schlechten Kopisten. Von der Schöpfung, die glühend, brausend und leuchtend in ihnen sich jeden Augenblick neu gebiert, hören und sehen sie nichts. Sie gehen ins Theater, lesen Gedichte und Romane, schneiden den Fratzen darin die Gesichter nach und sagen zu Gottes Geschöpfen: wie gewöhnlich.“

Wie nun trotz seines empirischen Materialismus eine

mystisch-pessimistische Metaphysik ihn beherrschte, so bildete sich trotz seines programmatischen und produktiven Realismus innerhalb seines Werkes wie von ungefähr ein visionär-ekstatisches Stilgebilde. Wenn er auch glaubt, der Geschichte gegenüber rot werden zu müssen und sich nur mit dem Gedanken trösten zu können, „daß, Shakespeare ausgenommen, alle Dichter vor ihr und der Natur wie Schulknaben dastehen", so straft diese Utopie eines objektiven Geschichtsdramas den Danton-Dichter Lüge, der – vielleicht ohne Klarheit, ja trotz seiner unausgesprochenen Absicht, das geschichtliche Original abzubilden, und trotz seiner brieflichen, fast rankeschen Ausführungen, daß der Historiendichter die Geschichte, wie sie sich wirklich begeben habe, schildern müsse – etwas ganz anderes schuf, als ein objektives Gesichtsgemälde, nämlich ein Selbstporträt.

Wie viel oder wie wenig historische Wahrheit auch in seinem Revolutionsgemälde stecken mag, sein Danton-Drama ist die Projektion eines welthistorischen Ereignisses auf eine weltumspannende Seele. Wie wenig – trotz aller Zitate aus Thiers – diese Historie objektives Abbild ist, zeigt schon die stilistische Eigenart, daß die dramatische Sprache wenig nuanciert ist. Und diese Homogenität der Diktion ist keineswegs auf eine Betonung des Zeitkolorits zuungunsten seiner einzelnen Abschattierungen zurückzuführen, da auch Büchners andere Werke ähnliches Gepräge zeigen. Danton und Robespierre, Camille und St. Just, Philippeau und Paris sprechen den gleichen konzinnen, pointierten, etwas preziösen Stil. Diese ganze Revolutionswelt ist eine Ausstrahlung Dantons. Freunde und Feinde sind auf ihn als Mittelpunkt bezogen. Danton heißt später Leonce, Woyzeck, Lenz – und im tiefsten, vor aller Maske, Büchner. Büchner ist aber als schöpferischer Geist kein Einzelmensch, der einzelnen Gestalten seiner Dichtung seinen Charakter verliehen hätte, sondern eine Welt, die allen ihr entsproßten Geschöpfen auch ihre Gesetzlichkeit mitgibt. Es gibt eine Büchnersche Erde und einen Büchnerschen Himmel, eine Büchnersche Revolution und einen Büchnerschen Pöbel. Alles Irdische und Überirdische ist nichts an sich, sondern gewinnt erst Eigenbedeutung innerhalb einer typischen Seele. So müssen wir Büchners Kosmos ausmessen, indem wir seine Seele definieren.

Zum guten Teil stammt Büchners radikaler, sich selbst mißverstehender Programm-Realismus überhaupt nur aus einer Opposition gegen romanhaft-sentimentalische Geschichtsklitterungen, gegen die sogenannten Idealdichter, die nichts „als Marionetten mit himmelblauen Nasen und affektiertem Pathos, aber nicht Menschen von Fleisch und Blut gegeben haben", zum andern Teil stammt Büchners absolut realistisches Programm aber auch aus einer (durch die materialistische Mode bedingten) theoretischen Verkennung seines eigenen Dichtertums, das nur an einem Pol realistisch, am anderen expressionistisch ist. Und wenn er viel auf Goethe und Shakespeare, wenig auf Schiller gibt, so hat er mindestens den Subjektivismus, das Hineinziehen der Welt in seinen Ich-Kosmos, mit Schiller gemein; dieser Subjektivismus erscheint stilistisch in einer pointierten, bisweilen stark entindividualisierten Diktion.

Nicht ohne Grund hat die letzte Dichtergeneration Büchner zum Führer erkoren, und tatsächlich hat ihn bis jetzt — fünfundachtzig Jahre nach seinem Tode — noch keiner an dichterischer Kraft und Intensität des Erlebens erreicht. Büchner war Realist: als Philosoph, als Künstler, als Politiker. Wie er als Philosoph die geschichtliche Entwicklung aus den Klassendifferenzen konstruieren wollte, wie er als Dichter mit wenigen harten Strichen Pöbel, Bourgeoisie, Herrentum unerbittlich charakterisierte, aus dem drohenden Wahnsinn des Lenz einen fast klinisch-exakten Bericht machte und dann wieder die volksliedhafte Schlichtheit stiller, unkomplizierter Menschen traf, so war er auch Realpolitiker, der seine Leidenschaft zu zügeln wußte und vor voreiligen Revolutionen warnte. Aber Büchners Realismus, geboren aus einer materialistischen Philosophie und einer Sensibilität für Wirklichkeiten, wie sie nur wunde, reizbare Seelen haben, die (wie Lenz) noch im geheimen mit der elementaren Natur zusammenhängen . . . Büchners Realismus hat dort seine Grenzen, wo auch das Weltbild des Materialisten seine Grenzen hat: im tragischen Menschen, für den hier kein Platz ist. Dieser tragische Mensch wird künstlerisch nicht mehr analytisch seziert nach der Methode des psychischen Realismus, sondern er wird symbolisiert in überlebensgroßen Visionen und Mythen: da sind „wir das Opfer im glühenden Bauch des Peryllusstiers, dessen Todesschrei wie das Aufjauchzen des in den Flammen sich aufzehrenden Gottstiers klingt". Da sitzt der Mensch auf der keuchenden, in riesigem Schwung rotierenden Weltkugel wie auf wildem Rosse, gräbt sich in ihre Mähnen ein und rast so abwärts gebückten Hauptes in den Abgrund; da wird der Mensch in glühenden Molochsarmen gebraten und mit Lichtstrahlen gekitzelt zur Freude der Götter; da ist der Mensch ein Blutstropfen, die Schöpfung die Wunde, als sich das Nichts ermordete.

Und Groteske, Zote, Wortspiel sind das Pendant zu diesen pathetischen Visionen; sie symbolisieren das skeptische Element des Dichters, wie die kosmischen Mythen das pathetische. Die Glut dieser Seele gerinnt zu Szenenfetzen. Die Konzentration des Gedankens, die präzise und knappe Fixierung der Stimmung, der atemraubende Vorwärtssturm des Geschehens, die sinnliche Umschicht seiner Geschöpfe: all dies zusammen war nur einmal in Deutschland, vielleicht in Europa, vielleicht auf unserem Stern.

Im Drama Büchners ist zuerst die neue Gestalt des Tragischen Kunst geworden. Der Held Woyzeck gewinnt seine Tragik nicht aus heroischem Unterliegen unter ebenbürtigen oder untergeordneten Mächten. Seine Tragik ist kampflos. Es ist die absolute Tragik ohne Verklärung. Woyzeck erblickt das Weltphänomen als Fäulnis und lebt der Auflösung entgegen. Das undramatische Leben der tragischen Seele enthält auch das Geheimnis, weshalb Büchner Dantons Tod, nicht Dantons Heroica dichtete. Büchner dichtete nie Kampf, nur immer den letzten Prozeß der Selbstzerstörung. Dreimal dichtete er seinen Tod, bevor er ihn starb. Und einmal als Komödie.

Am Schluß des Symposions, das Plato beschrieben hat, hört Aristodemus (schon halb im Schlaf), wie Sokrates den Agathon und Aristophanes, mit denen er sich unterhält, nötigen will, einzugestehen, „es sei Sache ein und desselben Mannes, Komödien und Tragödien machen zu können, und der künstlerische Tragödiendichter sei auch Komödiendichter".

Was unterscheidet die Tragödie von der Komödie? Die seelische Entfernung des dichtenden Zuschauers. Das Weltereignis bleibt immer dasselbe. Nur löst sich der Komödiendichter energischer von ihm ab. Er jongliert mit ihm wie mit einem Fremdkörper. Er betrachtet es aus einer Sternenferne, die es ungefährlich macht. Und alle Gefahr, die mit dem Opernglas betrachtet wird, wirkt putzig. In seinem Bestand bleibt das Weltereignis unangetastet, ob der Künstler es nun im Gefühl des Sklaven oder des spielenden Kindes erlebt.

Leonce ist Danton und Woyzeck, nur unpathetischer. Er ist, wie sie, Geburt aus der tragischen Seele, und tragisches Pathos durchzittert noch leise alle Kaprizen. Daß er nicht wie seine Brüder Danton, Woyzeck und Lenz in eine Konstellation hineingeboren ist, die ihn zerstören muß, ist nicht in seiner untragischeren Konstruktion begründet, sondern im Willen des Dichters, einmal das Satyrspiel zwischen den Tragödien zu schreiben, in einem schelmischen Intermezzo die Welt einmal nicht aus dem Leid ihrer Zentralseele, sondern aus dem unbefangen-unbeteiligten Gesichtswinkel eines göttlichen Parodisten zu dichten.

Jede echte Tragödie hat metaphysische Realität. Die Komödie ist in einer tragischen Welt für den Menschen ein Märchen, weil in ihr das realste Weltelement, das Pathos der Geschehnisse, eleminiert ist. Die Komödie ist als Märchen Weltgleichnis nicht für den Menschen, sondern für irgendein fernes, fremdes, der Welt nicht verhaftetes, nicht leidbeteiligtes Wesen; sie ist uns verständlich, weil wir das Unbeteiligtsein für Sekunden seelisch vollziehen können, und sie hat unser Interesse, weil die Distanz des Undistanzierbaren uns ergötzt.

So geht die Komödie „Leonce und Lena" über menschliches Erleben noch ein gut Stück hinaus: wir erkennen die tragische Welt des Danton wieder, aber ein übermenschliches Auge braucht über sie nicht zu weinen. Dieses schwerkraftfreie Märchen von den zwei Königskindern, die sich fliehen und bei dieser Gelegenheit einander in die Arme laufen, wäre albern und kindlich, wenn es menschlich-pathetisch und nicht so göttlich-ironisch geschrieben wäre. Die Liebesgeschichte von dem Leonce und der Lena ist so banal, daß sie als ernste Dichtung verlogen wäre; sobald wir uns aber in den sternenfernen, unbeteiligten Zuschauer versetzen, gibt sie ihre Quintessenz her: diese Geschichte, in der sich zwei auf so sentimentalromanhafte Weise kriegen, wirkt so maßlos parodistisch wie alle Zufälligkeiten, die zufällig sinnvoll werden. Vielleicht liegt im Paradox das Urphänomen des Lachens begraben.

Das Unpathetische der Komödie bestimmt nun auch die satirischen Szenen, in denen Büchner den Hof ebenso endgültig karikiert hat, wie später im Woyzeck die Bourgeoisie. Satire ist verhaltenes, indirektes Pathos. Im Woyzeck übt sie auch den Druck einer stark komprimierten Atmosphäre aus. Aber hier, in der Komödie, ist sie nicht von politischer Wucht, sondern von spielerischer Verzeichnung: die moralische Parodie ist hier größtenteils zur ästhetischen Parodie abgedämpft. Nicht der heiße Atem der Beteiligten geht hier, sondern das göttliche Gelächter eines fernen Unbeteiligten; der französische Pöbel, der dem Robespierre folgt, und die bürgerlichen Trottel, die den Woyzeck hetzen, sind mit spitzerer, hassenderer Feder gezeichnet.

„Leonce und Lena" ist das Gedicht eines künstlerischen Epikur-Gottes, der menschliches Leid und menschlichen Schmerz nur leise miterlebt und zum Märchen ätherisiert. Wenn Schopenhauer es der Kunst aufgab, die furchtbaren Kämpfe der Welt in einer lichten, leidlosen Ebene zu dämpfen, durch Spiegelung zu entwirklichen, und wenn Nietzsche in der Ausbalancierung des Dionysischen und des Apollinischen, des Wehs und des schönen Scheins, das Wesen der großen Kunst erblickte, so ist „Leonce und Lena" im Sinne der beiden größten modernen Kunstphilosophen ein Meisterwerk; denn die furchtbarste Erdenschwere ist zu lieblichster, grazilster, schwebendster Leichtigkeit aufgehoben. Dies seltene Gleichgewicht ist nur wenigen geglückt: Mozart und Shakespeare. Bei Wedekind schlug doch immer das Pathos durch und verhinderte die reine Komödie.

In Büchners „Danton" sagt Philippeau: „Man braucht eben nicht gerade hoch über der Erde zu stehen, um von all dem wirren Schwanken und Flimmern nichts mehr zu sehen und die Augen nur von einigen großen, göttlichen Linien erfüllt zu haben. Es gibt ein Ohr, für welches das Ineinanderschreien und der Zeter, die uns betäuben, ein Strom von Harmonien sind." Büchner, dessen Herz mit jedem kreatürlichen Leid mitzuckte, hatte dieses Ohr. Der die tränenreichste Welt zitternd dichtete, hatte im Auge lachende Heiterkeit. Und doch ist um eines Zehntel Haares Breite das Gleichgewicht gestört: denn auch Büchner ist mehr Mensch als Gott gewesen.

Was Büchner uns noch hätte geben können, rechnet kein Weiser aus. Was er uns gegeben hat, weiß jeder, der ihn liest: wie viel Werke, so viel Meisterwerke. Georg Büchner gehört in eine Größenordnung, in der die Vergleiche aufhören. Denn wir haben in Deutschland keinen Dramatiker gehabt, dem dieser Jüngling mit drei Erstlingswerken nicht mindestens ebenbürtig geworden ist. —

✡

Kapitel VIII

Grabbe

> „Der Mensch trägt Adler in dem Haupte
> Und steckt mit seinen Füßen in dem Kote."

Der tragische Romantiker ist der Mensch, der Angst und Argwohn hat. Angst und Argwohn sind die subjektive Widerspiegelung des Chaos. Verschiedene Romantiker machten verschiedene Versuche zur Überwindung der Romantik: d. h. zur Überwindung des Chaos, der Angst und des Argwohns. Hebbel warnte, den Schlaf der Welt zu stören — und gab seine furchtbaren Gesichte nur bildhaft verhüllt, wobei ihm sein konservatives, unekstatisches, unexzessives Temperament und die Ästhetik des deutsch-klassischen Idealismus zu Hilfe kamen. Kierkegaard rang um den Glauben; und dieses Ringen war *seine* Überwindung der Nihilität, wenn sich auch von der ungeminderten Heftigkeit des umworbenen Kredo die Tiefe und Unüberwindbarkeit seiner Nihilität ablesen läßt. Nietzsche und Strindberg vermochten schließlich despotisch durch die Fetische Übermensch und Bibel die ungeheuere Leere ihres Daseins zu verdecken. Aber Strindbergs Christentum demaskiert sich als willkürliches, zum Dogma avanciertes Experiment einer schweifenden Seele, und das Übermensch-Ideal wurde vom zermürbten Nietzsche, der die Überwindung der Romantik nur als Sehnsucht, nicht als Existenz lebte, diskreditiert.

Vor Nietzsche vergöttlichte schon Grabbe die Ungebrochenheit der Kraft — statt kraftvoll zu sein. Animalischer als

Nietzsche nahm er die Zuflucht zum Tier, nahm die tragische Seele in ihm die Ausflucht zum Tier. Nietzsche wollte wieder das Tier vor dem Menschen, die ungebrochene Rasse; Grabbes Dasein zeigt das Tier als entspannten, zurücksinkenden Menschen. Gotland, vor dem Ende seines Lebens: in völliger Apathie, gähnend, im Halbschlaf ist Grabbes Spiegelbild.

Ludwig Tieck, dem Grabbe seinen Erstling „Gotland" geschickt hatte, erkannte sofort den tiefen Nihilismus des jungen Dichters. Er antwortete: „Wenn ihnen schon so früh die echte poetische Hoffnung und Lebenskraft ausgegangen ist, wo Brot auf der Wanderung durch die Wüste hernehmen? Ich möchte Sie dann warnen, diesem Zerstörungsprozeß des Lebens nachzugeben." Grabbe verwahrte sich gegen den möglichen Verdacht, er wolle à la Byron weltschmerzlich renommieren, und versprach, er werde „bloß heitere Sachen dichten". Tieck und Grabbe waren sich beide nicht der Notwendigkeit der ausgebrannten Seele, die sich schon im Gotlanddichter auswirkte, bewußt. Der eine glaubte ans Warnen, der andere ans Versprechen der Besserung. Die Logik einer Seele untersteht keinen pädagogischen Wünschen.

In einem Brief an den Verleger Kettembeil spiegelt sich Grabbes tragisches Antlitz am wesentlichsten: „Ich stehe erträglich und verdiene auch erträglich, aber ich bin nicht glücklich und werde es auch wohl nie wieder. Ich glaube, hoffe, wünsche, liebe, achte, hasse nichts, sondern verachte nur immer das Gemeine; ich bin mir selbst so gleichgültig, wie es mir ein Dritter ist; ich lese tausend Bücher, aber keines zieht mich an; Ruhm und Ehre sind Sterne, derenthalben ich nicht einmal aufblicke; ich bin überzeugt, alles zu können, was ich will, aber auch der Wille scheint mir so erbärmlich, daß ich ihn nicht bemühe; ich glaube, ich habe so ziemlich die Tiefen des Lebens, der Wissenschaft und der Kunst genossen; ich bin satt von den Hefen; nur Musik wirkt noch magisch auf mich, weil — ich sie nicht genug verstehe. Meine jahrelange Operation, den Verstand aus Scheidewasser auf mein Gefühl zu gießen, scheint ihrem Ende zu nahen: der Verstand ist ausgegossen und das Gefühl zertrümmert."

Dies Bekenntnis der inneren Leere ist nicht die Stimmung eines Tages. Vom „Gotland" bis zum „Don Juan und Faust" variieren Grabbes Dramen sein Urerlebnis. Dies Bekenntnis ist auch nicht das zufällige Schicksal eines Unbegnadeten: es ist das Familienschicksal des tragischen Modernen. In den klarsten Stunden haben Kleist, Büchner, Hebbel, Flaubert, Kierkegaard dieselbe Beichte gestammelt.

Grabbes Mephisto ist nicht ein Wesen, das stets das Böse will und stets das Gute schafft, Diener der göttlichen Weltordnung: er ist das absolut Maßlose, das absolut Sinnlose, der lauernd hinter jeder Kultur hockende Untergang. Grabbes Mephisto ist nicht ein Moment der Weltordnung, durch seine Negativität die positiven Weltkräfte steigernd und reizend, durch seine Aggressivität das Universum festigend: er ist neben, über der Weltordnung. Er ist das Chaos, dem die (scheinbar) geordnete Welt nur vorübergehend abgerungen ist; er weiß: „es dringt das alte Dunkel, womit wir die Welt, so weit sie sich auch ausdehnt, umlagern, schnell hervor, wo etwas einbricht." Jede Leidenschaft gefährdet deshalb den Weltbau. Der rasende Held Gotland wütet, „bis daß der Himmel auseinanderspringt, und bis das Nichts herein durch seine offenen Fugen dringt". Der tragische Mensch weiß um das Herrschaftsprimat dieses Dunkels; dem klassischen Menschen ist dies Dunkel Medium, in dem das Licht erst Licht ist. Oft ähnelt Grabbes Faust dem goethischen; oft sprechen Goethe und Grabbe dieselbe Sprache: aber nur so, wie auch zwei Menschen, die von dem gleichen Ort und zur gleichen Zeit nach zwei entgegengesetzten Richtungen auseinandergehen, einen gemeinsamen Ausgangspunkt haben. Grabbe pointiert, Goethe überwindet Fausts Verzweiflung. Auch der faustische Grabbe rast sehnsüchtig-ziellos: „Ziel, ein Endziel muß ich haben";

verstrickt sich in die Problematik der modernen Seelensituation: „Nichts glauben kannst du, eh du es nicht weißt, nichts wissen kannst du, eh du es nicht glaubst“; sucht vergeblich Sicherheit und Ruhe, verständnislos für Don Juans „Vergnügen an Millionen Blumen, inmitten der Zerstörung Lava“: aber er kommt nicht zum letzten Schluß goethischer Weisheit: seine tragische Weisheit bleibt.

„Zeige mir
Den Abgrund, welchen ich nicht bodenloser,
Den Gipfel, den ich mir nicht schwindelnder,
Das Weltall, welches ich mir nicht
Unendlich größer denken könnte.“

Goethes Faust ist nicht faustisch — im absoluten Sinn. Goethes Faust ist nicht Romantiker. Die Dynamik der goethischen Faustseele beruhigt, verendlicht sich. Dem die Welt zu eng war, genügt schließlich ein Stück Boden. Die Romantik war antigoethisch wegen des Antifaust, der im Schöpfer des Faust lebte: alle Romantiker sind mehr oder minder goethefeindlich, „weil sein Genie ... den liebenswürdigen Fehler besitzt, im Hochtragischen und Tiefkomischen zu sehr von der Anmut sich zügeln zu lassen“. Und Grabbe fährt noch milde fort: „Sir Goethe konnte ja nicht zum Leben kommen, weil ihn das Leben auf den Händen trug.“ Erst Kierkegaard hält das schwere Strafgericht über den Olympier ab.

Sobald sich die Sehnsucht in einem Ideal konkretisiert, organisiert diese Zielidee das Leben. Was geschieht, wird gebunden durch einen Sinn. Die unendliche, alle irdischen Ziele überquellende Seele des Romantikers geht mit dem Leben keine Verbindung ein. Dem Romantiker fällt das Dasein auseinander: in ungestillte Sehnsucht — und nackte, zufällig nebeneinander gelegene Lebenstatsachen. Deshalb sind Realismus, Historismus, Positivismus, Impressionismus Konsequenzen der Romantik. Grabbe schreibt aus Leipzig an seine Eltern: „Ist die Fürstin entbunden? Ich trinke ungeheuer viel Kaffee;

es ist sehr kaltes Wetter. Bei dem Professor Krug habe ich Naturrecht gehört; er trägt sehr deutlich vor; er ist zwei Jahre lang Husarenrittmeister gewesen. Hat der Hofprediger nun seine Frau? Als ich den letzten Brief frankieren wollte, forderten sie fünf Groschen sächsisch; ihr müßt zu Hause auch noch einen Groschen nachbezahlen; ich frankierte ihn daher nicht, weil es teurer käme als sonst. Eben deswegen habe ich auch diesen nicht freigemacht; Geldnot ist der Grund also nicht; zieht mir nur dreist das Porto von meinem Gelde im ganzen ab. Man hört hier viel von Mordtaten. Der Bankrottierer Kopf ist zum Pranger verurteilt, hat aber appelliert. Drei Häuser haben wieder aufgehört zu zahlen. Die ehemalige Begeisterung für die Griechen legt sich. Die Nachtmützen tun mir gute Dienste. Die Pflaumen sind hier sehr wohlfeil."

Dieser unkontinuierliche, kaleidoskopische, anarchische Stil ist die blasse Vorform dessen, was Strindberg im „Traumspiel", Kaiser in „Von morgens bis Mitternacht" klassisch gestaltete. Die atomisierende Zerstückelung in Szenenfetzen, bunt und fremd zusammengeheftet; die nackte, abrupte Aneinanderreihung der divergentesten Tatsachen in einem Atem offenbart den Positivismus als die andere Seite der Romantik. Seele und Factum brutum isolieren sich erst gegeneinander, wenn die Seele so schweifend ist, daß sie das Faktum überfliegt und somit als Sonderexistenz freigibt.

Grabbes Don Juan ist die Vermählung dieser ungestillten Sehnsucht mit dem Positivismus. Und schon Grabbes Mephisto weiß — vermöge des psychologischen Talents aller Teufel —, daß Faust und Don Juan, trotzdem sie auf zwei Wagen karren, zum selben Ziele wollen. Beide von unstillbarer Sehnsucht, beide ohne Möglichkeit, sich in einen begrenzten Kreis bannen zu lassen: Don Juan doch glücklicher als Faust, da er positiver ist, da er dem Irdischen verbunden ist, da er diesem ewigen Umgetriebenwerden sein spezifisches Glück abzugewinnen versucht und die Unruhe nicht nur als

Etappe zur (unerreichbaren) Ruhe erlebt. Gerade aus der Gefahr der Unsicherheit zieht der Don Juan, der Abenteurer (nicht nur der Liebe), das Glücksgefühl seines Daseins :

„Auf einer Karte, einem Blättchen
Das ganze Geld, das ganze Leben schwebend,
Dem Sturme des Geschickes preisgegeben,
Das nenn' ich zeitvertreibenden Genuß!"

Dionysische Eroika des Genusses! Verschmelzung von Faust und Mephisto, wenn der Reiz gerade aus der Gefahr, aus dem Wissen um die Abgründe gewonnen wird. Dieser nihilistische, substanzlose Heroismus des Don Juan hat kein heldisches Ziel. Aber wie Zarathustra erlebt der moderne Mensch schon den Mut, schon die Stimmung der Tapferkeit gegenüber dem Leben als Ziel. Der moderne Heroismus verbraucht sich in der Erreichung eines Seelenzustandes, der früher erst die selbstverständliche Voraussetzung großer positiver Ziele war.

Das verzweifelte Anklammern Don Juans an irgendein Weltfragment gibt der Wirklichkeit nicht mehr Gewicht als Fausts romantisches Überfliegen aller Tatsächlichkeit. Don Juan spielt, wie Faust spielt. Der tragische Mensch ist der spielende Mensch, der keinen Gegenstand anerkennt: „Bei Katholiken gib mich für bekehrt und katholisch aus, und bei Juden meinetwegen für einen Juden – was frag ich nach der Chaussee, wenn ich nur die Stadt erreiche." Das ist nicht die Politik eines skrupellos-kompromißlerischen Menschen; das ist auch nicht die Souveränität des Zweckbewußten, dem alle Mittel heilig sind. Wenn Grabbe seinem Verleger schreibt: „Daß deine Verleger-Annonce über das Streichen und Abändern mehr Gestrichenes und Abgeändertes andeutet, als vorhanden ist, schadet nicht, immer Sand! Sand!": so verrät sich die Ironie des Nihilisten, dem die Täuschung deshalb keine Minderwertigkeit bedeutet, weil ihm auch die Wahrheit kein Wert ist; weil er durch Einsicht in die Belanglosigkeit aller irdischen Wahrheiten mit Subjektwillkür schalten zu können glaubt.

Das spielerische Verhältnis zum Mitmenschen wird innerhalb der Kunst zur spielerisch-ironisierenden Relativierung der autonomen Dichtung. Grabbe spaziert in seine Dichtung hinein; er selbst ist nicht mehr die selbstverständliche, pathetische, unsichtbare Voraussetzung seiner Dichtung. Er hat sich relativiert (nicht transponiert) und spielt mit sich selbst. Er hat sich gespalten; und seine Sehnsucht spielt mit dem schäbigen Faktum, das er ist: „Das ist der vermaledeite Grabbe, oder wie man ihn eigentlich nennen sollte, die zwergichte Krabbe, der Verfasser dieses Stückes. Er ist so dumm wie ein Kuhfuß, schimpft auf alle Schriftsteller und taugt selber nichts, hat verrenkte Beine, schielende Augen und ein fades Affengesicht.“ Und dem „Schulmeister“, der in Grabbes Namen den eintretenden Grabbe in der Schlußszene von „Scherz, Satire, Ironie und tiefere Bedeutung“ so charakterisiert, wird geantwortet: „Schulmeister, Schulmeister, wie erbittert sind Sie gegen einen Mann, der Sie geschrieben hat.“ In dieser Vermischung der „wirklichen“ und der gedichteten Welt haben wir nicht nur eine Aufhebung der Autonomie der Dichtung, sondern auch eine Aufhebung der Autonomie der Wirklichkeit, die durch Einführung in den gedichteten Zusammenhang entrealisiert wird, wie die Dichtung desillusioniert wird. Im „Cid“ spielen Kapellmeister und Korrektor mit und heben so die gedichtete Welt auf. Die Regieanmerkung: „Wenn die Bühne alle Rollen nicht besetzen kann, nehme sie überall von den in dieser Darstellung nicht Beschäftigten die Schauspieler, welche sie will. Es ist nur ein Unterschied von einer Nacht und einem Tag, die Darstellerin der Chimene spielt morgen doch in Weils ‚Nachtigall‘ “ – diese Regieanmerkung zeigt deutlich den entzaubernden Blick des Romantikers. Cid erkennt: Chimene ist „eigentlich nicht hübscher als 300 000 000 andere. Aber ich wurde mit ihr bekannt, guckte ihr ins Auge, sah ihren Busen, vergaß ihre lange Nase, hatte noch allerlei Gesinnungen, und dergestalt wuchs die Liebe, so daß ich ihretwillen hier die Mohren totschlage".

Die romantische Ironie Grabbes ist überskeptisch, zynisch. Zynismus ist die ironisierende Profanierung „heiliger" Gegenstände. Zynismus ist also mehr als Ironie. Ist überskeptische, pathetische Ironie. Pathetische Ironie ist ein Paradox, da Ironie gerade Aufhebung des Pathos ist. Grabbe ist Zyniker, d. h.: tragischer, pathetischer Romantiker. Zynismus ist negatives, in eine falsche Richtung abgedrängtes Pathos, Ressentiment. Der Abbau des Menschlichen bis zum nackten Tier ist die balancierende Konsequenz des Unvermögens, Mensch zu sein. Das positive, schlichte Tiersein ist dem Menschen versagt. Er kann nur tierisch sein. Die Überbetonung der Tierfunktionen des Menschen ist eine Unwahrheit, eine falsch belichtete Wahrheit. Nur der Romantiker, der die nackte Positivität Mensch und die Seele nicht zur Einheit bringen kann, wird schreiben: „Wenn ihr den Trieb, den ihr mit Kröte, Katz' und Hund gemein habt, zu einer Tugend macht und göttlich nennt, pfui, das ist unerträglich." Brutalität ist hier (wie im jüngsten Drama) Folge einer Sehnsucht, die so groß ist, daß sie alle menschlichen Ereignisse ungeformt zurücklassen muß. Die Spannung zwischen Mensch und Tier wird so gewaltig, daß der Mut zur Überbrückung erschlafft, daß tierisches Dasein als letzte Möglichkeit der Existenz empfunden wird. Grabbes Gothland will das Leben. Er hat das unselige Bewußtsein seiner kreatürlichen Nichtigkeit:

„Ein Kriechen auf dem Schlamm, eine Kette,
Von Qualen — Gedanken, und dennoch ist's
Mein Alles! — Gönnt es mir.
Ich hab' ja keine Ewigkeit, kein Glück
Und keine Hoffnung mehr — peinigt mich, aber
Laßt mir das Einzige, was mir lieb, laßt mir
Das arme, nackte Leben!"

Es ist verrucht, hier die Würde des Menschen zu vermissen. Mensch sein ist so unmöglich geworden, daß die vitalen Energien nur noch um ihr ungestörtes, naturhaftes Auswirken besorgt sind. Die leidenschaftliche Heftigkeit, die dem Menschen keine imitierte Würde gestattet, wenn er keine echte Würde, keine Harmonie mehr besitzt, die ihn noch zum Bekennen seines von jeder Kultur abgeschnittenen, nur noch biologisch existenten Lebenswillens treibt: diese furchtbare, leidenschaftliche Konfession, dieser entsetzliche Wille zum untermenschlichen Tier ist Grabbes eigentlich tragisches Pathos. Wäre der Romantiker Grabbe weniger sehnsüchtig, so wäre er weniger zynisch. Grabbes Satan ist ein gefallener Engel: „Wie könnt' er so unsäglich hassen, hätt' er früher nicht so unsäglich geliebt." Grabbe ist ein gefallener Engel. Noch seine Heldenverehrung ist Satanismus.

Als Kompliment seiner Müdheit, seiner Leere, seiner Passivität schuf sich der Romantiker Grabbe das Idealbild der strotzenden Kraft, der Fülle, der Aktivität des heroischen Genies, des Übermenschen. Grabbes „Held" ist eine Geburt aus der Ohnmacht, nicht aus der Macht; aus dem Mangel, nicht aus der Fülle. Wie Nietzsches Übermensch — Grabbe gebraucht schon das Wort: Übermensch — Romantikerphantasie, Romantikersehnsucht, Romantikerrausch ist, so liebt Grabbe auch den Rauschdichter Schiller mehr als die Naturdichter Shakespeare und Goethe. Alle Helden Grabbes entblößen sich durch ihre Übersteigerung: sie wirken sich nicht gewaltig aus, sie sehnen sich gewaltig! Sie sind Romantiker; sie sind nicht zielstrebig, sondern phantastisch. Heinrich VI. repräsentiert dies Heldentum. Konstanze ruft ihm nach der Unterwerfung der Welt ein: „Sei nun zufrieden!" zu. Der unersättliche Held antwortet:

„Nimmer — hätte ich auch
Die ganze Welt. Schaut nicht der Himmel dort
So tief und sehnsuchtsvoll, ein blaues Auge

Der Liebe auf uns nieder, daß die Busen
Hoch klopfen müssen, auch zu ihm zu stürmen, an ihm zu schlagen."

Und Grabbes Helden verraten das Motiv ihrer Übersteigerung, ihre ressimentalische Herkunft: „Hab' ich keine innere Größe mehr, so muß ich sie mit äußerer ersetzen; weil ich mich selbst verachte, müssen mich die Völker achten." Gothland spricht nicht nur Grabbes Helden aus; er spricht Grabbe aus. Grabbe ersetzt die innere Größe, die dem nihilistischen Romantiker fehlt, durch die äußere, indem er sich aus der Geschichte die überlebensgroßen Plakate holt, die das Nichts verhängen sollen. Marius' Losungswort: „Blut und Wein!" ist nie das Losungswort eines Helden gewesen. Und tiefer noch ist Grabbes Verhältnis zu seinem Helden zu entlarven. Mit Shawscher Skepsis läßt uns Grabbe durch Hortense Beauharnais Napoleon als einen von Eitelkeit nicht freien, ehrgeizigen Egoisten, durch Jouve als einen Schauspieler, durch seine Piqueure als einen schlechten Reiter erkennen. Und in einem Brief schreibt er: „Napoleon ist ein Kerl, den sein Egoismus dahin trieb, seine Zeit zu benutzen — außer eigennützigen Zwecken hat er schon als Korse, als Halbfranzose, nie gewußt, wohin er eigentlich strebte, — er ist kleiner als die Revolution und im Grunde nur das Fähnlein an deren Maste, — nicht er, die Revolution lebt noch in Europa." Diese Briefstelle ironisiert unbewußt nicht nur den Napoleon, nicht nur Napoleons: „Ich bin ich, das heißt Napoleon Bonaparte, der sich in zwei Jahren selbst schuf", sie ironisiert sogar Napoleons hoheitsvoll mitleidigen Zukunftsblick auf „die Armen! Statt eines großen Tyrannen, wie sie mich zu nennen belieben, werden sie bald lauter kleine besitzen, — statt ihnen ewigen Frieden zu geben, wird man sie in einen ewigen Geistesschlaf einzulullen versuchen, — statt der goldenen Zeit wird eine sehr irdene, zerbröcklige kommen, voll Halbheit, albernen Luges und Tandes, — von gewaltigen Schlachttaten und Heroen wird man freilich nicht hören, desto mehr aber von diplomatischen Assembleen, Konvenienzbesuchen hoher Häupter, von Komödianten, Geigenspielern und Opernhuren". Die Briefcharakteristik Napoleons ironisiert unbewußt diese schmetternden Heldentiraden und zeigt deutlich den Krampf, aus dem Grabbes „Held" geboren ist. Grabbe ähnelt nur an der Oberfläche dem Renaissance-Atheisten Shakespeare. Die Eruptionen der Sehnsucht zwangen einen realistischen Positivisten, eine Gigantenwelt zu schaffen.

Die Übersteigerung wird oft Heldenpose, unecht, überspannt:

> „Skiold: Nun töte ihn mit deinem Messer!
> Der alte Gothland: Erst muß ich mir die Rockärmel abstreifen."

Eine unfreiwillige Komik macht Grabbes Helden reif für Offenbach: „Einer von den gepriesenen Attilas, Sullas und Caesars will ich werden." Und doch dringt Grabbe wieder mit seiner Nietzsche verwandten Machtverherrlichung bis zum tragischen Kern der Machtwelt vor. Daß er Barbarossa neben Heinrich den Löwen, Marius neben Sulla, Rom neben Karthago stellt: zeigt sein Wissen um die Problematik jedes Machtethos, das immer nur bis zu den Grenzen seiner Herrschaft regiert, also nie absolut, und deshalb den Einbruch der Anarchie immer gewärtigen muß: „Sulla und Marius! Das heißt, das Chaos ist wieder da, und die Elemente streiten sich um ihre Existenz." Die Romantik feierte die Macht als Überwindung des Chaos. In den skizzenhaften Notizen, durch die Grabbe das Fragment „Marius und Sulla" ergänzt, erkennt er, „daß die römische Welt weder auf der Erde noch in der Religion einen festen Hauptpunkt mehr hat, und daß, wenn sie nicht auseinanderfallen soll, nur der Despotismus sie halten kann. Darum mußten Männer wie Marius und Sulla erscheinen und das werden, was sie geworden sind." Wie aber Nietzsche immer mehr den Antagonismus zwischen der Macht und der unbesiegbaren Logik der Idee erkennen mußte, so erfaßte vor ihm Grabbe schon die Opposition gegen die Macht innerhalb der Macht selbst. Wird die Macht absolut genommen, dann ist die Welt zu klein für zwei Mächtige, wie der Himmel für zwei Sonnen. Denn die Macht kennt keine Grenzen, und wie Nietzsche nun um dieses Macht-Ich willen noch Gott befehden mußte, so stellt Grabbe immer wieder den Ausbruch der Verwirrung durch den Konflikt zweier Machtwelten dar, die notwendig beide absolut sein wollen.

Der Krämer ist die Folie des Helden. Der Philisterhaß durchzieht auch Grabbes Werk und gibt ihm die Tiefendimension. Wenn der Bote im Karthago den unermeßlichen Sieg bei Cannä ausruft, antworten ihm die Vielen: „Schrei nur nicht so! — — sie kommt, da kommt sie, die äthiopische Karawane." Und die Heroika Hannibal schließt mit dem ironischen „Hoch Prusias, größter der Könige." Während Napoleon schon Elba verlassen hat und auf Paris marschiert, erwägt Ludwig XVI. inmitten seiner Hofpuppen den Plan, Napoleon von Elba nach St. Helena zu bringen und entschließt sich, Taillerand in Wien betreffs Einwilligung der fremden Monarchen zu befragen. Die Verachtung der feigen Menge bildet in „Marius und Sulla" den Hintergrund des Heldenkampfes, wie der Bourbonenhof Folie für Napoleon, die karthagische Bourgeoisie Folie für Hannibal ist.

Grabbes Liebe — im Zynismus ebenso gegenwärtig wie im Heroismus — ist unerwiderte Liebe. Der tragische Mensch ist der Mensch, der kein Glück bei der Frau Welt hat. Man versteht Grabbes Schmerz, Grabbes Ironie, Grabbes Zynismus, wenn man Grabbes unglückliche Liebe zum Dasein versteht: „Das Leben hat nur drei Gutes: Frühling, erste Liebe, Krieg." Das einzig Gute des Lebens sind also drei Rauschzustände des Subjekts. (Als Kierkegaard seinen Kampf gegen die Romantik begann, zerstörte er zuerst das Idol der ersten Liebe.) Der Mensch und das Leben, dem der Mensch eingefügt ist, werden auseinandergerissen. Verkündung der Isolierung des Menschen; Verkündung der Passivität des Menschen. Das Resultat, zu dem ihn 1831 die Revolutionen geführt hatten, war der Verzicht auf eine Gestaltung der Staatsprobleme, war die Einsicht, „es gibt nur ein Glück, und das ist: sich selbst zu reformieren“. Weder Büchners Revolutionsdrama „Dantons Tod“, noch Grabbes Revolutionsdrama „Napoleon“ hat die Skepsis gegen die Politik überwunden: der tragische Mensch hat keine eindeutige Richtung. Büchners und Grabbes revolutionäre Dichtungen sind auch antirevolutionär.

Kein positives Verhältnis zum Dasein; kein ungebrochenes Lebensgefühl; kein Lebensziel; kein Lebenssinn; also: kein Mythos! Also: sind seine Dramen weniger konzentrierte Bilder einer aus Seele, Geist und Faktum harmonisch zusammengewobenen Welt als zerlegbare Mischungen aus nackten Welttatsachen und autobiographischen Konfessionen einer tragischen Seele. Büchners künstlerische Macht war die Ausmerzung aller Stofflichkeiten jenseits der Grenzen der tragischen Seele. Seine Welt ist bis in den letzten Winkel Vision einer tragischen Seele. Sein Werk ist einheitlicher, wesentlicher, geistig beherrschter als Grabbes Dichtung, die ebensowenig wie Büchners Dichtung das Universum in seiner Fülle konzentrisch um seine Seele aufbauen kann, weil Welt und Seele sich nicht kennen, die aber im Gegensatz zu Büchner die fremde Welt aufzeichnet, ohne eine Umprägung zu versuchen, und die Gesichte seiner Seele dann wie Inseln dazwischensetzt. Diese eingestreuten Seelenzentren belichten die großen historischen Freskos. Man stelle nebeneinander: „Wilhelm Tell“ – „Marius und Sulla“; „Götz von Berlichingen“ – „Hannibal“. Dort das Vorwärtsleben einer wachsenden Zukunft, hier die Erkenntnis der Fremdheit alles Geschehens gegenüber der menschlichen Seele:

„Der Mensch erklärt das Gute sich hinein,
Wenn er die Weltgeschichte liest, weil er
Zu feig ist, ihre grause Wahrheit kühn
Sich selber zu gestehen.“

Kierkegaards Kampf gegen die Beschäftigung mit Weltgeschichte entspricht dem gleichen Erlebnis der Fremdheit zwischen der einzelnen Seele und der Kultur. Als Friedrich Barbarossa und Papst Alexander VI. sich nach langem Streit aussöhnen, zieht der Geschichtsphilosoph Grabbe das Fazit: „Zufall und Macht entscheiden doch zuletzt." Und die „Weiße Frau", gewissermaßen der ruhende Pol in der Flucht der geschichtlichen Erscheinungen, verkündet das Weltgesetz:

„Wenn du die Blume pflückst, ist sie gebrochen,
Wenn du das Glück genießt, ist es verschwunden."

Aber als Heinrich fragt, ob in den Regionen, wo der Heiland thront, dasselbe Gesetz gilt, verschwindet die „Weiße Frau". Die tragische Seele erhält keine Antwort!

Alle kulturellen Gestaltungen sind vergänglich. Der Mensch als Natur ist unvergänglich. Der Apollotempel ist in Trümmern; in Trümmern sind die Befestigungen der Römer und Karthager; die Türme der Byzantiner; die Wälle und Linien der Sarazenen. Das Tagewerk des Hirten beginnt neu an jedem Morgen, die Flut der Halme und der wuchtige Schritt der Stiere überdauert die himmelstürmendsten Gebärden der Menschen: „Ob der Normanne oder der Hohenstaufe Sizilien beherrscht, heute abend tanzen unsere Landmädchen doch." Marius, den Befreier der römischen Welt, fällt der Zweifel an: ob er nicht „für des Vaters Wiesen die Welt zu teuer" eingekauft habe. Sulla zieht sich – auf der Höhe seiner Macht – in den Winkel Cumä zurück und übergibt seiner Gattin Metella den Lorbeerkranz, „die Speise mit seinen Blättern zu würzen". Und die Gnomen singen dem Faust:

„O selig, wer im engen Kreis
Umringt von seines Feldraums Hecken,
Zu leben, zu genießen weiß,
Er spielt mit aller Welt Verstecken.

Er blickt nicht sehnend nach den Fernen,
Der ganze Himmel engt sich für ihn ein,
Der Horizont mit seinen Sternen
Ist im Bezirke seiner Äcker sein."

Die Welt Grabbes ist keine Heimat; nur ein Steppenmeer, das man im Leben durchjagt. Grabbe ist Nomade und porträtiert vor allem im Don Juan und Faust seine Nomadenseele. Sein bürgerlicher Beruf ist nicht organisch mit seinem Leben verbunden. Wie Kleist, Hebbel, Strindberg und Kierkegaard kann er in keinem Beruf leben. Und als er gezwungen Verwaltungsdienste leistet, geraten die Amtsgeschäfte mit der Zeit in solchen Zustand, daß ein älterer Beamter eintreten und die Akten durch öffentlichen Aufruf zu ordnen suchen muß. Grabbe ist undiszipliniert. Er hat die Unbeherrschtheit eines vorseßhaften Menschen. Faust sagt zu jeder Donna Anna: „Königsmörder, Volkserwürger, Schiffserwürger, Landverwüster, alles was du willst, um deinetwegen." Er kennt keine selbstgesetzten Grenzen, weil er kein Sollbild des Menschen, kein Sollbild seiner selbst kennt, nur vulkanische Eruption aus dem Leeren ins Fremde. Grabbe geht mit Degen und Pistolen auf seine keifende Frau los, wie Strindbergs „Vater" seiner Frau die brennende Lampe an den Kopf wirft. Und Immermanns Freundin, die Gräfin von Ahlefeld, durfte ihm mit ihrer schönen Hand nicht zu nahe kommen, sonst biß er sie hinein, weil sie „gar so appetitlich" sei. Im Oberflächlichsten konnte er sein Leben nicht meistern. Er vergaß, sein Zimmer abzuriegeln, und auf Tisch, Stuhl und Fußboden lagen zerstreut die Reste seines Besitztums neben Manuskriptblättern. Dieses Kunterbunt war nicht das poetische Bild einer spitzwegschen Dachstubenromantik: sondern die schauerliche Szene eines Menschenuntergangs.

Aus dem Ennui seines Daseins, aus der großen, öden, schwarzen Leere gebar er die Willkür, die Fratze, die Groteske, welche mit seiner zynischen Ironie verschmolz: er ließ seine Wirtin in sein Zimmer kommen, schloß die Tür ab; legte ein paar Pistolen auf den Tisch und nötigte sie, aus der Bibel oder dem Gesangbuch vorzulesen, wobei er sie mit blasphemischen Fragen und Bemerkungen unterbrach. Diese Anekdote ist die Legende Grabbe, die stärkste Verdichtung seines Daseins. Wenn seine Werke verlorengehen und die Tatsachen seines Daseins vergessen werden — außer dieser Anekdote —, so weiß man um den Kern des Grabbeschen Daseins.

Der Unterhalter Grabbe ist immer voller barocker Einfälle, voll geistreicher Impromptus. Nur entgeisterter Geist ist geistreich. Der tragische Mensch ist geistreich, weil er mit dem Geist spielen muß. Die Wortspiele, die pikanten Pointen Georg Büchners sind wie Grabbes Feuerwerke entgeisteter Geist. Wie jeder geistreiche Mensch war Grabbe seinen Mitmenschen sehr interessant; aber er „regte keine Liebe und keine Sehnsucht auf". Er konnte wohl einmal bei einem Sonnenuntergang auf einem Berge ergriffen so schöne Verse improvisieren, daß er tiefste menschliche Regungen entzündete: dann zerstörte er im selben Moment zynisch das Entzücken — Heine verwandt, der übrigens Grabbe unter die „poètes les plus distingués de l'Allemagne pendant la période de Goethe" rechnete, aber mit dem bösen Blick des Verwandten „eine geistige Intoxikation des Genies" feststellte und mit Variierung eines platonischen Wortes über Diogenes Grabbe einen „betrunkenen Shakespeare" nannte.

Immermann charakterisiert am besten diesen müden, dem Leben langsam absterbenden Grabbe bei seinem Einzug in Düsseldorf, der vorletzten Station seines Passionsweges: „Wenn ein Bewohner des Mondes auf die Erde fiele, er würde sich zu uns anderen ungefähr so verhalten, wie mein irrender Ritter der Poesie. Nichts stimmte in diesem Körper zusammen. Fein und zart — Hände und Füße von solcher Kleinheit, daß sie mir wie unentwickelt vorkamen — regte er sich in eckigen, rohen und ungeschlachten Bewegungen. Die Arme wußten nicht, was die Hände taten, Oberkörper und Füße standen nicht selten im Widerstreit. Diese Kontraste erreichten in seinem Gesichte ihren Gipfel. Eine Stirn, hoch, oval, gewölbt, wie ich sie nur in Shakespeares freilich ganz unhistorischem Bildnisse von ähnlicher Pracht gesehen habe, darunter große, geisterhaft weite Augenhöhlen und Augen von tiefer, seelenvoller Bläue, eine zierlich gebildete Nase, bis dahin — das dünne, fahle Haar, welches nur einzelne Stellen des Schädels bedeckte — abgerechnet — alles schön. Und von da hinunter alles häßlich, verworren, ungereimt. Ein schlaffer Mund, verdrossen über dem Kinn hängend, das Kinn kaum vom Halse sich lösend, der ganze untere Teil des Gesichts überhaupt so scheu zurückkriechend, wie der obere sich frei und stolz hervorbaute." Das ist die tragische Seele im Material des Körpers.

Die Fremdheit zwischen Seele und Leben, die im Werke Grabbes als Vermischung von nackter Realität und tragischer Seelenlandschaft, als Entseelung des historischen Daseins erscheint, die seinem Leben das barocke, fratzenhafte Gesicht verliehen und seinen Körper zu einem Kuriosum an Proportionsmangel gemacht hat, verleiht auch seinem dichterischen Wort diesen eigentümlichen Charakter. Die stupende Übermotivierung der Gothlandhandlung, welche mindestens ein halb Dutzend Dramen enthält; der unförmige, unstraffe Bau seiner Werke; die grotesken Bilder sind Parallelen zu seinem undisziplinierten, uneingegrenzten, unarchitektonischen Dasein. Der Romantiker hat immer die Tendenz, nicht nur die klassische Form, sondern noch jeden ideellen Umriß, das Minimum künstlerischer Gestaltung aufzulösen. Der Romantiker hat immer die Tendenz, das werdende Kunstwerk zu zerstören. Grabbe ist weniger als irgendein moderner Tragiker vollendeter Künstler, weil er mehr als irgendein moderner Tragiker Romantiker ist. Grabbe hat nicht ein Werk geschaffen, das als Gesamtwerk mit Kleists „Penthesilea", mit Büchners „Woyzeck", mit Hebbels „Herodes und Marianne" verglichen werden könnte. Selbst den

Rest von Disziplin, den sie sich zur Organisierung einer Dichtung gerettet hatten, besaß Grabbe nicht. So sind seine Geschichtsdramen unkonzentrierte Dramatisierungen der Geschichte. Wenn er zugunsten Schillers Shakespeare vorwirft, daß seine historischen Schauspiele „weiter nichts als poetisch verzierte Chroniken“ sind, wenn er kritisiert: „Kein Mittelpunkt, keine Katastrophe, kein poetisches Endziel läßt sich in der Mehrzahl derselben erkennen“: so trifft er in Shakespeare zugleich sich selbst. Sein Atem reicht nur für Szenen aus. Grabbes größte Szenen sind geronnenes Übermaß, Bilder von gigantischem Format. Aber auch die Übersteigerung dieser Bilder zeigt, wie die Heroengalerie eine ohnmächtige Seele. Intensität ohne Substanz! Bisweilen sogar, wenn die an das Himmelsgewölbe gemalten Freskos nur noch den Umriß, nicht mehr die Spannung haben, Bombast! Wenn aber die fiebernde Energie der Ohnmacht Vision wird, taucht eine nie gesehene Welt, ein gegliedertes Feuermeer auf: die Natur wird schauervoll durchsichtig bis zu ihren zerstörenden Säften, bis zu ihren vernichtenden Kräften. Dem Menschen wird die Epidermis abgerissen, und der Tanz seines Gekröses wird in millionenfacher Vergrößerung abgebildet. Wenn aber Landschaft und Mensch Illustrationen eines übernatürlichen, übermenschlichen Schicksals werden: dann braut Grabbe die atembeklemmendste Symphonie der Düsternisse, die je in Worten komponiert wurde. Grabbe gestaltete das graue Nichts in den brennendsten Farben; er gab dem leeren All die gigantischsten Umrisse. Es war seine süchtige Seele, die das Graue in allen Gluten färbte und das Leere titanisch bildete. —

✡

Kapitel IX

Hebbel

In freudloser Not wuchs er auf. Der Vater, von Armut verbittert, zählte dem Jungen die Bissen im Munde. Der Lohnherr zwang dem talentierten Schreiber die Gesellschaft von Kutscher und Stallmagd auf. Die Gönnerin, die ihm zwei entbehrungsreiche Studienjahre ermöglichte, kassierte seine Dankbarkeit mit Wucherzins ein. Die Geliebte, deren Liebe er nicht erwiderte, deren Aufopferung er tief verpflichtet war, fesselte ihn mit den scharfen Stricken weiblicher Besitzeswut. Der Heidelberger und Münchener Student sorgte sich mehr um seine zerrissene Hose als um seine Unsterblichkeit. Das Kopenhagener Stipendium für die Reise nach Paris und Rom war Hungergeld. Hebbel, der jedes Wort unter dem Aspekt der Ewigkeit hinsetzte, konnte sich seinen Lebensunterhalt nicht verdienen. Erst im letzten Drittel seines Daseins war seine Existenz gesichert.

Um so schwerer war dies Geschick, als auch seine geistige Existenz furchtbar gefährdet war. Wie Kleist, wie Büchner, wie Grabbe packte ihn der Schwindel, als er die Welt erblickte. Auch er litt an jenem anonymen Leid, das keine irdische Ursache hat, dem der wohlhabende Patrizier Schopenhauer und der mit frühem Ruhm gekrönte Nietzsche ebenso verfallen war wie der hungrige, sich schwer durchsetzende Hebbel. Das Leid der Leere, das Leid der Unendlichkeit, der durch keinen Sinn mehr gebändigten, rasenden Unendlichkeit verzehrte ihn.

Widerspruch fand er in allen Dingen. Erlösungsdrang ohne Hoffnung waren Wehen, die zu keiner Geburt führten. Wie Kleist lehnte er die Beschäftigung mit der Wissenschaft ab, da er „zu tief in das Nichts aller menschlichen Bestrebungen geblickt" hatte. Er verweigerte überhaupt jede Zwecktätigkeit, da er „schon zu tief in das Nichts alles irdischen Wesens und Treibens geblickt, um noch für irgendein Ziel zu Nest tragen zu können". Er wußte, daß auch Napoleon das „Welterobererschwert aus der Hand gefallen wäre, wenn er sich die Milchstraße einmal betrachtet und sich klargemacht hätte, was die Erde gegen die Welt vorstellt". An Elise Lensing schreibt er: „Es ist zugleich unheimlich und gefährlich, wenn ein Mensch zum Fundament seines Wesens heruntersteigt, und er tut gar wohl, wenn er niemals daran rüttelt, denn drunten lauern die Finsternis und der Wahnsinn."

Aus diesen unheimlichen, gefährlichen Tiefen brachte Hebbel Holofernes mit, Herodes und Kandaules. Die haben Hebbels Abgrundblick. Durch diese drei Ex-Zentrischen tritt das Grauenvolle vernichtend in die Endlichkeit ein: als Gewalt, als Mißtrauen, als Mangel an Selbstvertrauen. Kandaules braucht einen Zeugen dafür, daß er nicht ein eitler Tor, der sich selbst betrügt. Herodes braucht einen Wächter, der das Versprechen, das Mariamne ihm gegeben hat, überwacht. Holofernes gar glaubt keinem Zeugen und traut keinem Wächter. Er ist die höchste Konsequenz der Herodes und Kandaules; er zerstört ohne Umschweif.

Mehr als einer stand seit Goethes Tod vor dem tiefen Abgrund kosmischen Mißtrauens. Den einen verschlang dieser Abgrund; ein anderer predigte, man müsse ihn durch Hineinspringen schließen (und er selbst sprang nicht hinein); wieder einer dekretierte, man müsse nur mutig springen: wo der Springer niederkommt, dort wird Boden (und der Gottdespot selbst fiel in den Abgrund).

Hebbel?

Er lehnte die goethesche Schönheit vor der Dissonanz ab. Aber er rettete sich aus der Dissonanz heraus. Persönlich von ungeheuerer Vitalität; Verehrer der Kraft wie sein Holofernes; Willensmensch, der den Fehdehandschuh des Geschicks bisweilen sogar mit trotziger Freude aufnahm, dessen Lebensmut (nach eigenem Bekenntnis) um so höher stieg, je weniger Aussichten er hatte, festigte er die dünne Erdschicht Leben, die den Abgrund Nichts überdeckt. Der größte Nietzscheaner vor Nietzsche! Auch schon leidenschaftlicher Hasser des „Blatterngiftes der Menschheit", des Christentums, das mit der Predigt von Sünde, Demut und Gnade das Fundament alles Lebens untergräbt. Doch war Hebbel (ebenso wie Strindberg) kein Ideen-Radikaler. Das bewahrte ihn vor Nietzsches Schicksal. Hebbel dichtete das Paradox, Nietzsche ließ sich von ihm zerstören. Hebbel stand – ebenso wie Schopenhauer – zwischen den Zeiten. Er verschmolz die Sinngläubigkeit der abgeblühten Epoche mit dem tragischen Erlebnis der nachgoetheschen Moderne.

So ist Hebbel konservativ aus Pessimismus und gläubiger Vitalität. Was wollte er bewahren? Die Form als Voraussetzung des Lebens. Gegen wen wollte er sie bewahren? Gegen den großen Revolutionär, der alle Formen zerbricht, gegen den extremsten Anarchisten, gegen die Wahrheit: gegen das Nichts der Sinnlosigkeit. In Grabbes „Wahnsinn der Willkür" bekämpfte er seinen tiefsten Widersacher, sein geheimstes, gehaßtestes Selbst.

Hebbels Selbst-Duell ist der dramatische Nerv seines Werkes: Macht gegen Glaube; Leidenschaft gegen Heiligkeit; Zweifel gegen Vertrauen; Entschleierung gegen Geheimnis; in eins: Das Maßlose gegen das „Angemessene". Und das Angemessene (Nietzsche sagte später: das Apollinische) siegt nach dem höchsten Gesetz dieses Menschentyps, nach dem Gesetz des Trotzdem. Hebbels Selbstporträts: Holofernes; Golo; Herodes; Herzog Albrecht; Kandaules. Hebbels Ethos (also abermals: sein Selbstporträt): Genoveva, Rhodope, Mariamne, Herzog Ernst. Die Frau, die Pietät, „Hauptwurzel des sittlichen Menschen", ist der Deich, der das Leben schützt vor dem Einbruch des geistigen Mannes. Es ist das tiefste Geheimnis der Moderne, daß der Geist lebensgefährlich ist. Hebbel hat sich (wie der späte Ibsen) für das Leben entschieden: „rühre nimmer an den Schlaf der Welt."

Hebbels politische Stellungnahme 1848 ist die selbstverständliche Folge dieser bewahrenden Tendenzen. Herzog Ernst ist in der politischen Ebene Vertreter des gleichen konservativen Weltgefühls, dem auch Rhodope und Mariamne entstammen. Schon der Dreiundzwanzigjährige würdigt den Wert bürgerlicher Ordnung absolut. Als der reife Hebbel dann im Revolutionsjahr vor der Alternative steht: Stärkung der alten Gewalten bei Gefahr abermaligen schnöden Mißbrauchs oder ein Tohuwabohu, das vielleicht die neue Welt gebären wird, da entscheidet der Dichter der Rhodope: „eher würde ich mich dem russischen Zaren anschließen als der scham- und sittenlosen Brutalität, die hier für die Trägerin der Freiheit galt." Der Kommunismus ängstigt ihn, der Krieg nicht. Der Krieg ist eben innerhalb einer (wenn auch perfiden) Ordnung. Der Kommunismus ist Unordnung; er soll erst eine (wenn auch vielleicht paradiesische) Ordnung schaffen. Hebbel ist — wie heute Thomas Mann — Konservativist aus Pessimismus.

Schon in Hebbel selbst werden die minderen Derivate dieses Konservatismus sichtbar. Sobald die heroische Spannung nachläßt, sobald das Leben seine tiefste Beziehung auf seinen Gegenspieler verliert, sobald das Dasein gemütlich wird, wird es auch klein, eng, ärmlich, philiströs. Dann wird der Tod des Eichhörnchens Herzi Lampi, Schatzi, sentimental betrauert. Dann wird am Ende jedes Jahres mit bleierner Monotonie der Wunsch wiederholt: möge nur alles beim alten bleiben; und der sechsundvierzigjährige Hebbel notiert in seinem Tagebuch, in dem die tiefsten Kämpfe Worte geworden waren: „Heute, den

25. März, hatte in gesundem Zustande meine liebe Frau 80, Titi 40 Pulsschläge." Behaglichkeit mit einem Unterton von Angst, der Rest instinktiver Gegenwart des Abgrundgefühls, charakterisiert Hebbels letzte Lebensjahre. Ängstliche Feigheit ist das spezifische Merkmal des Bourgeois. Sie ist in der niederen Sphäre, was in der höchsten Sphäre des gleichen Seelentypus die Scham ist. Hebbel ist nicht keusch, denn er war Herodes und Kandaules. Doch der Hohepriester der Keuschheit – und in behaglichen Stunden ein ängstlicher Ordnungsphilister. Er läßt die Rhodope vor ihrem Selbstmord noch schnell den Gyges heiraten und schließt die tiefste Tragödie mit der lächerlichsten Deklamation: „keiner sah mich mehr, als dem es ziemte."

Wie Hebbel die Endlichkeiten (als Träger des Lebens) vor dem Moloch Unendlichkeit schützt: das Weib vor dem Mann; die Gemeinschaft vor dem Individuum, so ist ihm auch das Endliche nicht mehr (wie früher) Negativ. Der nihilistische Romantiker, der Freundschaft und Liebe dem „Aneinanderfliegen vom Wind zerstreuter Sandkörner" verglich; der mystische Romantiker, dem alles Leben „gefrorene Liebe, vereister Gotteshauch" war, konnte nicht zu einem positiven Wert menschlichen Kulturlebens kommen. Der große Antiromantiker Hebbel aber schloß den Pakt mit Hegel, mit dem deutschen Idealismus, mit einer vorromantischen Welt. Ein zweideutiger Pakt. Denn als der mehr als Vierzigjährige Schopenhauer kennenlernte, umschloß seine Liebe zwei Geistesantipoden. Hebbel war kein Denker. Mehr als zerstreute Fragmente eines vagen, nebulosen, unprofilierten Gefühlspantheismus gibt sein Werk nicht her. Aber jeder Romantiker hat seinen Hegel, sein Christentum oder seinen Übermenschen. Die großen Romantiker unterscheiden sich nur dadurch, wie sie mit dem Absoluten ringen, paktieren und zusammen leben.

Hebbel war ein geistiger Mensch, dem die Dichtung als Äußerungsmittel verliehen war. In dieser Dichtung bog er aus vor seinem romantischen Schicksal.

Hebbel verzichtete auf die Anekdote nicht. Im Unterschied zu den Versuchen unserer Tage verschmähte er keineswegs das Medium der zufälligen Begebnisse zur Sichtbarmachung der Essenz. Nicht die psychologische Realistik, mit der er diese Anekdoten ausziselierte, sondern die ideeliche Notwendigkeit, nach der er sie umformte, ist seine Großtat. Scotts Romane sind ihm „kolorierte Kupfertafeln der Geschichte". Der Ekel vor bloßen Relativitäten führte ihn oft zu pedantischer Dialektik; oft zu dialektischer Ausspinnung einer vergangenen Kultur. Doch mit seiner ohnmächtig glutvollen Werbung um die Idee gehört er zu jenen erlauchten Geistern, die noch Idealisten sind, ohne im tiefsten an die Idee als Fundament der Welt zu glauben. –

✡

Kapitel X

Ibsen

I.

Nach der Ibsen-Feindschaft, der Ibsen-Mode, der Ibsen-Dämmerung steigt jetzt das Frührot einer „Ibsen-Renaissance" auf. Doch keine Renaissance ohne Bildersturm: zugleich mit Ibsens Wiedergeburt wird die Dämmerung des Strindberg-Gestirns verkündet.

Die beiden haben sich nie gemocht: für Strindberg war Ibsen vor allem der „norwegische Blaustrumpf", der „Nora-Dichter", einer aus dem Kreis der lauernden Feinde, der in die „Wildente" eine anzügliche Interpretation seiner Ehetragödie hineingeheimnist hatte. Und dem Ibsen war der aufgeregte, vulkanisch besessene Schwede tief zuwider. Noch jenseits des Grabes besteht hier eine überpersönliche Feindschaft: zwischen dem skeptisch-ironischen Melancholisten, der sich mit müd-sentimentalem Lippengekräusel seinen Nachruf schrieb, und dem dämonischen Pathetiker, der bei allem Pessimismus immer Idealist, Ideenstreiter blieb, der das Leben ideelich nie preisgab.

Ibsen-Renaissance?

II.

Die neuerliche Inthronisierung Ibsens stammt aus einer neuen Kunstwerk-Gesinnung, Kunstgewerbe-Gesinnung, Kunsttechnik-Gesinnung. Ibsens Drama ist konzentrierter, geronnener, geballter Ibsen. Strindbergs Drama ist flüchtiger Widerschein Strindbergs, deshalb locker, leicht gefügt. Ibsen schuf Haltbareres, Strindberg Gewaltigeres. Ibsen sah – bis in die Blutkörperchen; Strindberg sah – bis in die Hölle. Strindbergs Visionen sind so geladen, daß sie fast jede Werkform sprengen; Ibsens Beobachtungen lassen sich kanalisieren. Doch: Strindberg erschuf der modernen Seele, einigen Motiven der modernen Seele, ihre sinnliche Erscheinung, ihr Symbol; Ibsen gab ihr – Leitmotiv-Plakate: eine moralische Feuersbrunst („Gespenster"); eine religiöse Atembeklemmung („Baumeister Solneß"); eine psychische Lawine („Brand", „Wenn wir Toten erwachen"). In der „Wildente" überwuchert ein poetisches Analogon das ganze Werk, während Strindbergs „Pelikan" nur eine Titelzeichnung ist.

Symbolismus?

Eine Ähnlichkeits-Assoziation, ein homerisches „ebenso wie . . . so" stellt sich ein. Was bedeutet die Wildenten-Tragödie für die Ekdal-Tragödie? Einen guten, spielerischen Einfall; ein lyrisches Zierstückchen, eine willkommene Einlage für Assoziationsfreudige; eine Ausbeute für Blumensprach-Menschen, für Andeutungs-Menschen. Ist durch die Transposition der Ekdal-Tragödie in die Wildentenwelt ein Kosmisches ausgedrückt? Ein gleiches Gesetz in verschiedenen Weltsphären?! Das Wildentenmotiv ließe sich ohne Schaden aus dem Drama herausoperieren. Eine Nebenbei-Arabeske, die sich zum dekorativen Rahmen auswächst: ist das Symbolismus? Dann ist auch die Jungfrau mit der Wage oder der pausbäckige Lausbub mit Bogen und Pfeil Symbolismus; Ibsens Metaphern scheinen nur weniger konventionell im Ausdruck, weil sich in ihnen noch keine von vielen Jahrhunderten abgegriffenen Analogien bergen. Ibsen hat nicht Vergängliches als Gleichnis gedichtet, sondern immer nur Gleichnisse zwischen Vergänglichkeiten. Strindberg erreicht bisweilen das echte Symbol: Seele und Bild sind eins. Man fragt nicht mehr:

Bild wofür? Ibsens Sprache läßt sich säuberlich präparieren: hie Wirklichkeit, hie Metapher. Die Ibsen-Mode war auch zu einem guten Teil ein geheimnisvoll-freimaurerisches Konventikel der Leute, die dieses doppelbodige, vielschichtige Ibsenwort feinschmeckerisch mit der Zunge abtasteten. Als aber alle hinter den Kniff kamen – da wurde Ibsen „trivial".

III.

Ibsens Welt ist fünfdimensial.

Erste Dimension: Die Ginas, Erhard Borkmanns, Majas, Ulfheims, will sagen: die Welt vor dem Sündenfall der ethischen Reflexion; die Wirklichkeits-Menschen; die Geschöpfe diesseits von Gut und Böse.

Zweite Dimension: Die Stensgards, Bernicks, Helmers, Krolls, Werles: die Dekalog-Bösen, vermehrt um die vielen Spielarten von Schlechtigkeit, welche die moralische Introspektion einiger Jahrtausende gesichtet hat: die Faulenzer, Lügner, Ausbeuter und „Künstler" (die Moral des Künstlers ist vor Ibsen schon von Nietzsche und Kierkegaard entlarvt worden). Sie alle treiben die Welt aus ihrem seligen In-sich-Sein; sie gliedern sie erst.

Dritte Dimension: Die Falks, Brands, Stockmanns, Gregers Werles; die Antitoxine! Gottesstreiter, die mit Gott streiten! Ihnen gefällt seine Welt nicht. Sie haben ihren eignen Schöpfungsplan. Sie wollen die Welt nach der Idee umschaffen. Der Gregers-Ibsen, Fanatiker der Weltrationalisierung, war ein bedeutender Rufer im Streit.

Vierte Dimension: Die Skules, Peer Gynts, Julians, Rosmers, Ellida Wangels, Ekdals, Lövborgs, Solneß', John Gabriel Borkmanns, Molviks und Rubeks. Die Brands stoßen auf verschiedene Menschenschichten. Die Ginas sind fast immun gegen sie; die Ekdals sind schon gefährdeter. Sie haben einen Knax, eine Not; sie sind einmal aus ihrer selbstverständlichen Richtung geworfen. Da haben sie Abgründe gesehen und eine entgötterte Welt: „Leben heißt – dunkler Gewalten Spuk bekämpfen in sich.“ Doch ihr Lebenswillen läßt sie am Narrenseil über den Abgrund springen und zu lockenden Illusionen tänzeln, die sie sich selbst suggeriert haben, oder die ihnen als Medizin imputiert worden sind. Die Hedwigs gehen unter; denen ist der schützende Lebensinstinkt noch nicht erstarkt. Aber auch die Skules und Rosmers und Ulrik Brendels gehen unter: sie haben keinen Glauben und keinen Spleen. Mit diesen autobiographischen Gestalten legitimiert sich Ibsen als Glied der Tragikerfamilie, als Geburt der tragischen Seele.

Fünfte Dimension: Die Ginas sind völlig, die Ekdals und Molviks (wegen ihres Spleens) in hohem Maße gegen den Ansturm der zerstörerischen Idee gesichert. Wo die Idee voll wirkt, dort wirkt sie Untergang! Brand, der volksfeindliche Kritiker, die dionysische Generalstochter, der moralische Inquisitor des Familienlebens Gregers Werle: alle Pathetiker werden noch aus einer fünften Höhe belichtet von den Rellings, die den coûte que coûte Gregers ihre Gegen-Rechnung präsentieren, auf der Tod und Verwundung, aber kein Glücklicher verzeichnet ist. Das „Glück“ wird Wertmesser.

IV.

Der idealistische Pessimist Strindberg lehrt am Ende seines Lebens: nicht befreien und ändern, sondern zur Wirklichkeit ja sagen, da das Leben nur ein Gefängnis ist. Der pessimistische Tänzer Nietzsche singt: zur Wirklichkeit ja sagen, obwohl das Leben ein Gefängnis ist. Ibsen, dessen erstes Gedicht „Resignation“ heißt, der selbst das Pathos seiner Gesellschaftskritik ironisch dämpft, der mit seinem dramatischen „Epilog“ noch den Wert seines Lebenswerkes anzweifelt: Ibsen ist ebenso wie sein Kaiser Julian einer gewesen, der „das dritte

Reich" suchte — und sein Leben versäumte. War der am Rand der Unendlichkeit angelangte Ibsen über seine unheilbare Romantik verzweifelt, weil er das Glück nicht erreicht hatte? „Der glücklichste Mann ist der größte Mann." Aber was ist das Glück? Das dem tragischen Menschen Unerreichbare: die Verschmelzung von Askese und Genuß, die unfaustische, zur Ruhe gekommene Seligkeit eines kämpferischen Daseins.

V.

Durch zwei scharfe Brillengläser trat die Welt in Ibsen ein und zeichnete sich hier mikroskopisch ab. Pathetisch korrigierte er dann alle Unebenheiten; mit mathematischer Präzision. Schließlich stellte er auch noch sein Pathos, seine Moral-Mathematik in Frage. Nicht romantisch-ironisch mit maskiertem Pathos: ernstlich-direkt, unpathetisch. Ibsen begann mit radikaler Vergewaltigung: alles oder nichts — und endete in melancholischem Preislied zu Ehren eines geistig unangetasteten „glücklichen" Lebens.

Ibsen hat Zeitprobleme europäisch diskutiert; seelisches Neuland erobert; den dichten, gehämmerten Ausdruck gefunden — und ist resigniert gestorben, weil er — statt Freuden zu genießen — Geburten ausgetragen hat. Oder sind seine Werke keine Geburten, sondern nur folgenlose Wehen gewesen? Endet in privater Resignation das Leben eines Eroberers, der vor einer entgötterten Welt versagte?

Keiner der großen Tragiker unserer Ära hat „das dritte Reich" gesehen. Ibsen wäre unter ihnen der letzte, der es betreten dürfte. Zwischen ihm und dem dritten Reich — liegt seine Literatur.

✡

Kapitel XI

Gerhart Hauptmann

> **„— 's hat een' ken' Mensch ne genung lieb gehabt."**

Einleitung. Die Einheit des Gesamtwerks.

Das Gesamtwerk eines Dichters ist immer eine Einheit. Der geistige Wert des Dichters hängt von der Fassungskraft dieser Einheit (d. h. von dem Wieviel an umspanntem Weltstoff) und von ihrer Tiefenlage ab. Das Dichtersein selbst hängt von einem Vorhandensein der Einheit überhaupt ab. Der Dichter ist ein nacherlebbarer, menschlicher, greifbarer Gott; die Summe des Gedichteten ist seine Welt. Während nun der Sprung von den Weltfragmenten zum Schöpfer (also: zur Einheit) für uns unausführbar ist, weil wir keine Realität schaffen, also auch kein realitätschaffendes Wesen nacherleben können, so ist der Sprung vom Gedichteten zum Dichter für uns ausführbar, weil Dichtersein innerhalb der menschlichen Möglichkeiten liegt, also erlebbar und nacherlebbar ist. Der Sinn schaffende Mensch ist die Quintessenz seiner Schöpfungen, wie Gott die Quintessenz der Welt ist. Aber von Gott wissen wir nicht, ob er ist und wie er ist. Wir wissen nicht, ob die Welt eine Quintessenz hat. Den Dichter kennen wir. Und der Dichter ist wichtiger als sein Werk; anders ausgedrückt: das Gesamtwerk ist wichtiger als das Einzelwerk. Kleist wußte das: „Die Erscheinung, die am meisten bei der Betrachtung eines Kunstwerks rührt, ist, dünkt mich, nicht das Werk selbst, sondern die Eigentümlichkeit des Geistes, der es hervorbrachte, und der sich in unbewußter Freiheit und Lieblichkeit darin entfaltet."

Das isolierte Einzelwerk kann (falls es nicht gerade repräsentativ ist) immer nur artistische Bedeutung haben. Der Artist (nicht der Künstler, der schon ein artistischer Geistiger ist) kennt kein Gesamtwerk; er kennt keine Einheit. Wo der Akzent völlig auf dem Wie des Ausdrucks liegt, kann höchstens eine Stileinheit mehrere Werke verbinden. Diese Stileinheit ist jedoch beim reinen Artisten keine Notwendigkeit, kein Niederschlag einer geistigen Einheit, sondern Manier. Zufällige Umstände verhindern eben die Variation des Stils. Aber auch Inhaltsähnlichkeiten einzelner Werke verbürgen noch keine Einheit des Gesamtwerks. Wenn bei den verschiedenen Werken eines Dichters bestimmte Milieus wiederkehren; wenn alle seine Werke in Pommern oder Ostpreußen spielen; wenn alle seine Menschen Könige oder Proletarier sind; wenn alle seine Helden immer wieder politische Grenzmenschen sind: so kann das Gesamtwerk trotzdem noch ohne Einheit sein. Der Artist ist Fabrikant seiner Werke, bestenfalls unter Verwendung eigenen Lebensmaterials. Er ist dann als Objekt, nicht als Subjekt in seinem Werk. Der Artist hängt mit seinen Dichtungen nur durch sein Talent zusammen. Der Dichter drückt sich mit Hilfe seines Talentes in seinem Gesamtwerk als lebende Sinneinheit aus.

I.

Der Dichter des Positiven.

Der Positivismus leugnet jede Sinneinheit; also sowohl den Dichter als die Einheit seines Gesamtwerks. Der positivistisch empfindende Mensch kennt nur den Artisten. Der Positivismus, die eine Komponente des Hauptmannschen Lebensgefühls, versenkt sich mit gleicher Liebe in jede Welterscheinung: in die Dekadenz schlesischer Großbauern, in die Leiden und Hoffnungen eines kleinen Proletariermädchens, in die gutmütige Raffiniertheit einer Biberpelzdiebin.

Hebbel wurde das Vergängliche Gleichnis für den ewigen Ideenprozeß; Büchners Selbstporträts überschatteten, was er an Welt aufgezeichnet hat: nie hat einer so innig wie Hauptmann die schlichte Welterscheinung umworben, das nur Reale. Realismus ist erst in zweiter Linie eine Stilkategorie. In erster Linie das Erlebnis einer jenseits aller Beurteilung atmenden Wirklichkeit. Hauptmann richtet nicht. Er ist kein Kritiker, weil er nicht die Idee, sondern die Realität liebt. Sein Karl der Große spricht: „So sei der Mann, der mir willkommene! er muß verstehen: nicht richten! muß das Leben verehren: nicht abtöten wollen." Daher ist Hauptmann weder anklägerisch-pathetisch, noch ironisch, noch satirisch. Wehrhahn ist nicht karikiert, sondern eine Karikatur. (Nicht der Dichter, sondern das Leben hat ihn parodistisch gezeichnet.) Hauptmann dichtet die Natur; Wedekind dichtet in der Richtung auf die Natur; Wedekinds „Natur" ist eine Idee. Rose Bernd lebt; Lulu soll leben. Hauptmann hat die Natur. Wedekind kämpft für die Natur. Die Aktivität des Streiters ist in der Mitte zwischen einem Minimum und einem Maximum von Liebe. Die polar entgegengesetzten Seelen, der theoretische und der erotische Mensch, kämpfen nicht. Hauptmann kämpft nicht. Hauptmanns autobiographische Dichtungen (etwa: „Vor Sonnenaufgang"; „Einsame Menschen"; „Die versunkene Glocke") verraten am stärksten das unrevolutionäre Leben dieses Dichters, gerade weil sie seine Revolutionen aufzeichnen wollen. Es fehlt die Triebkraft der Utopie. Hauptmann ist schmerzlich verliebt in das Menschgewächs. Seine Aktivität ist Mitleid. Sein großes revolutionäres Drama ist weniger Anklage gegen die Unterdrücker als Mitleid mit den Unterdrückten. Georg Büchner schrieb einmal: „Ich hoffe noch immer, daß ich leidenden, gedrückten Gestalten mehr mitleidige Blicke zugeworfen, als kalten, vornehmen Herzen bittere Worte gesagt habe." Hauptmann könnte dasselbe schreiben. Hauptmanns Dichtung ist antifaustisch, antiprometheisch. Er kennt weniger den Schöpfermenschen als das Menschengeschöpf. So sind alle seine Dramen (nicht nur die „Weber") heldenlos. Die Taten seiner „Helden" sind nur Schmerzreaktionen. Diese „Helden" haben keine produktive, sondern eine starre, erlösungsbedürftige Individualität. Deshalb leiden weder die Bernds und Henschels, noch die Weber pathetisch; sie hadern nicht; sie leiden still. Und nur laute Helden haben laute Götter, an deren Speer sie verbluten. Hier ist kein Wotan nötig; hier wirkt nur die unscheinbare Zufälligkeit der Weltkonstellation und des Charakters als Übermacht zu Leid und Untergang.

Erst eine positivistisch gesinnte Zeit brachte die Generationen der großen Historiker hervor. Erst ein positivistisch gesinnter Künstler schrieb das historische Drama.

Das historische Drama entstammt vielen Motiven und erreicht viele Ziele. Es ruht auf seinem Namen der Fluch jener Spiele zwischen alten Rüstungen und vorsintflutlichen Gewändern, die als Museumsrequisiten schon jedem Menschen, den sie nur umschließen, die Würde des Historischen verleihen sollen, während sie ihn nur mit Staub bedecken. Unendlich viele haben an der Historie entlang gedichtet, ohne ein historisches Drama hervorzubringen. „Don Carlos" ist noch nicht ein historisches Drama, nur weil er vergangene Jahrhunderte stofflich plündert und Namen nennt, die auch bei Ranke zu finden sind. Wer glaubt, daß alle Geschichte das Verhandeln der gleichen seelischen Angelegenheiten unter wechselnden Kostümen ist, kann ein historisches Drama nicht anerkennen; es sei denn, daß er eine Modeschau exotischer Kostüme so titulierte. Das historische Drama setzt das Wissen um den seelischen Eigenduft der Zeiten voraus; das Vermögen, die eigene Seelen-Individualität zu erweitern, zu verbreitern, zu entgrenzen.

Der Dichter, der viel Leben vielfältig lebt, wird das historische Drama schreiben können. Der Dichter, der vielfältig Leben stets in seinen persönlichen Seelengrenzen kanalisiert, wird es nicht schreiben können. Also beispielsweise nicht Wedekind, aber Hauptmann. Das historische Drama wird ein Subtiler, ein Realist schreiben; kein Breitpinselnder, kein Stilisierer; denn Stilisieren ist das Merkmal einer despotischen Künstlerindividualität, welche die nuancierte Wirklichkeit einer (immer schematischeren) subjektiv geformten Gegenwirklichkeit opfert. Das historische Drama braucht einen Mitleidigen und einen Mitfreudigen, welcher demütig die Wirklichkeit atmen läßt, und es braucht einen mikroskopisch sehenden, mikroskopisch tupfenden Mosaikdichter.

Hauptmann, wie kein anderer seinem Lebensgefühl nach zum historischen Drama berufen, hat den „Florian Geyer" geschaffen.

Dicht und stetig ist das Werk; unerschöpflich wie das Leben selbst. Nur der ideeliche Vordergrund ist erschöpfbar. Das Ringen zwischen Masse und Mensch. Dies ideeliche Zentrum ist überhistorisch (alles Überhistorische scheint erschöpfbar zu sein); die Geyertragödie hat aber nur die tektonische Funktion der Einheitgebung. Florian Geyers Geschick ist hier nur technisch und quantitativ von hervorragender Bedeutsamkeit. Geyer ist kein Held, kein Übermensch: Hauptmann dichtet keine Zukunft. Hebbel, der Wirklichkeiten schon differenziert zu dichten verstand, hatte doch an all seinen weltgeschichtlichen Episoden vor allem das Interesse, eine Geschichtsphilosophie zu geben und Gefäße zur Investierung seiner Seele zu gewinnen. Und Strindbergs zahlreiche Versuche, das historische Drama zu schreiben (gerechtfertigt durch eine abnorme Feinnervigkeit und Kraft des Nacherlebens), wurden konterkariert von seinem Dämon, der alle Wirklichkeit fälschen mußte.

Hauptmann dichtete den Bauernkrieg wie „Die Weber" und

den „Biberpelz". Da ist nichts Altfränkisches, Archaisierendes. Die fernen Worte sind nicht auf Gegenwärtiges aufgeklebt, sind keine Lexikonübersetzung; sie wachsen aus der Zeitatmosphäre als der Leib ihrer Vorstellungswelt. Historiker mögen entscheiden, ob die Handlung von präziser Richtigkeit ist; Philologen mögen beurteilen, ob Vokabel und Syntax einwandfrei; oder vielmehr, ihr Urteil ist überflüssig. Wer auch nur flüchtig von den Quellen dieser Zeit genascht hat, hört, daß die Melodie echt ist. Und er hört auch, was vor allem diesen Dichter zum historischen Drama geführt hat; keine romantische Vergangenheitssehnsucht und kein Mangel an Gegenwartsstoff: der Dichter des Märkischen und des Schlesischen sucht den Prozeß der Verblassung der Sprache rückgängig zu machen. Er, der keine isolierten Menschen, sondern immer Menschwelten, Menschen mit eigener atmosphärischer Umschicht schafft, der noch die Regieanmerkungen benutzt, um mit Hilfe des Epischen erst ganz die Gestalt einzufangen, weiß, daß dies nur gelingen kann, wo die Sprache noch Produkt von Auge, Ohr und Zunge, und noch nicht Konkurrenz logischer Abstraktionen ist. Diese Bauernkriegmenschen mit ihren wirtschaftlichen Sehnsüchten; ihren bodenständigen Moralen; ihrem radikal-protestantischen Fühlen; ihrer eschatologischen Gleichheitsschwärmerei; ihrer räuberisch-anarchischen Tollheit; ihrer ungebrochenen Körperlichkeit sind sinnlich geworden im Lutherwort. Dasselbe Motiv, das Hauptmann zum historischen Drama trieb, trieb ihn auch zum Dialekt: Liebe zur Irdischkeit, zum Eigenduft der Körper und der Seelen. Hauptmann stellt keine Bilder; entfacht keine Ausbrüche der Leidenschaftlichkeit; erzählt keine dramatisierten Geschichten; erschnüffelt keine Psychologie; entzündet keine Dialektik, weder zwischen Meinungen noch zwischen Ideen: der Intellektalismus und der geistige Despotismus sind ihm fremd. Er hat zur Welt ein Liebesverhältnis; Liebe macht blind, aber feinhörig. Hauptmann hört das Gras der Seele wachsen. Und formte sich die schmiegsamste, differenzierteste Sprache als Instrument. Die Utopie braucht den Begriff. Der Realismus, der Positivismus braucht das sinnlich-differenzierte Wort als Medium. Ibsen ist gegen Hauptmann ein Stilisierer und analytischer Rationalist. Ibsen wollte ein Ziel, ein Ideal. Hauptmann will den Indifferenzbezirk der zerstreuten Seelen. Die Sprache wurde ihm die Bindung der Differenzen. Bei Hauptmann schmiegen sich Erlebnis und Wort aufs innigste, in nie dagewesener Intimität aneinander. Die Entbegrifflichung des Wortes macht seine Sprache musikalisch. Bis auf wenige Werke — vor allem den herrlichen „Ketzer von Soana" — sind Hauptmanns Dichtungen mehr Klang als Bild. Es ist kein Zufall, daß Hauptmann nicht Bildhauer wurde. Bild trennt, Klang vereint. Der Klang ist (mehr noch als die Gebärde) die beste Brücke zwischen Mensch und Mensch. Hauptmanns Werk ist ein Brückenschlagen. Auch die Idee bindet: doch läßt sie aristokratisch neun Zehntel der Welt als unerlösbar zurück. Über den schmalen Steg des Klangsymbols, das vom Dichter wieder ursprünglich gehört worden ist, kam Seele zu Seele. Vor dem Lockruf des Schmerzes, der die Isolierung auf den Flügeln des Klanges zu überwinden vermag, fallen alle künstlichen Scheidungen. Verrät sich aber in dieser erotischen Tönung des Hauptmannschen Wortes nicht noch eine unpositivistische, unartistische Seele?

II.

Die Tragödie.

Woher stammt das stille Pathos, das im Untergang der Hauptmannschen Menschen steckt? Und das die Kontinuität der Hauptmannschen Dramen herstellt? Was macht seine Dramen zu mehr als einer Anzahl beliebiger realistischer oder phantastischer Abbilder des Wirklichen?

Der Verwandtschaftszug der Gestalten ist das Spiegelbild

des Dichters (nicht des Privatmenschen!), ist die Einheit seiner gedichteten Welt: Die Friedensfestler; Johannes Vockerat; Crampton; Henschel; Starschenski; Arnold Kramer; Der arme Heinrich; Rose Bernd (die verstockte Rose Bernd!); Gabriel Schilling; Gersuind; Griseldis; Frau John sind über ihre Besonderheit hinaus ein Geschlecht; ihr Charakter, Resultat ihres körperlich-seelischen Schicksals, tyrannisiert die leidende, sehnsüchtige, nach Befreiung ringende Kreatur in ihnen: „Das drängt sich zur Einheit überall, und über uns liegt doch der Fluch der Zerstreuung." Hauptmann liebt die Zerstreuung — unchristlich, unbuddhistisch, heidnisch; — er liebt das Einzelne, die Nuance, die Mannigfaltigkeit. Deshalb ist er einer der größten Realisten, der stärksten Wirklichkeitsfreudigen geworden. Von den „Einsamen Menschen" bis zum „Ketzer von Soana" verkündet er immer wieder das Evangelium des Lichtes, der Natur, der Welt gegenüber „dem Evangelium der Askese". Und doch stellt er auch immer wieder den Menschen dar, der das Leid der Zerstreuung leiden muß; deshalb ist der Tod seiner Tragödien umflorter Jubel: „Der Tod ist die mildeste Form des Lebens: der ewigen Liebe Meisterstück". Hauptmann ist kein todessüchtiger Romantiker; eher heidnischer Verehrer der lebendigen Form. Aber die lebendige Form, der Mensch, hat das Schicksal, unlebendige Form zu werden, Insel, die sich aus dem allgemeinen Lebenselement auskristallisiert. Die Tragödie des Menschen ist der Prozeß der Inselwerdung, der Prozeß der Auflösung der Menschheit in Menschen. Zerstreuung ist: daß jeder nach seinem Mittelpunkt graviert. Jeder sucht die Welt so zu rücken, daß er im Zentrum steht. Und doch ist jeder wieder mit jedem verbunden als Kreatur. Streckmann, der widerliche, renommistische Peiniger der Rose Bernd, ist „blaß, verzerrt, kriechend, scheu" vor Verlangen. Pippa, die lichte, ätherische entdeckt noch, daß jenes tierische Ungetüm, der alte Huhn, „unter seinen Lumpen so weiß wie ein Mädchen ist". Robert Scholz, der boshafte Störer des Friedensfestes, bekennt im seligen Genuß eines gütigen Wortes: „es ist doch jetzt in uns lebendig geworden, es war doch also in uns — warum ist es nicht schon früher hervorgebrochen?“ Und Mutter Wolff, die gewiefte Gaunerin, denkt in einer entspannten Sekunde zwischen zwei Diebstählen an ihren frühverstorbenen Jungen: „Ja, sehen Se — das sind so — Lebenssachen.“ Hauptmanns Menschen sind Kreaturen mit dem innigen Bewußtsein ihrer Zusammengehörigkeit und unter dem qualvollen Zwang zur Trennung, zum Kampf, zum Haß. „Was trennt, ist Irrtum, Irrtum, der allein den Haß entfesselt, ist Unwissenheit, ist nackte Not des Hungers! Nicht, was Göttliches im Menschen wohnt, denn dieses Göttliche ist groß!“ Das Isoliertwerden des Individuums, das Abgeschnürtwerden von der menschlichen Liebesgemeinschaft, dann die Leidenschaft der Beharrung in der Isolation, das: „ich bin, wie ich bin. Ich habe ein Recht, so zu sein, wie ich bin“, der Prozeß der Verstockung ist das eigentliche Thema Gerhart Hauptmanns, ist das Gesetz seiner Menschenwelt.

„A jeder Mensch hat halt 'ne Sehnsucht.“ Die Befriedigung dieser Sehnsucht ist der Zoll, den die Menschheit dem Individuum zu entrichten hat, damit es sich nicht verhärtet, damit es nicht aus der Menschheit ausscheidet, sich als isoliertes Individuum etabliert und so zugrunde geht. „Einsame Menschen“ ist der Gesamttitel der Hauptmannschen Tragödie. „Ma' is halt zu sehr in d'r Welt verlass'n! Ma' is eemal zu sehr alleene dahier! Wenn ma' bloß nich a so alleene wäre! — Ma' is zu sehr alleene hier uff d'r Erde!“ Einsam ist Helene, Johannes Vockerat, Robert Scholz, Gabriel Schilling, weil sie eine Sehnsucht haben, und die andern — nur etwas von ihnen wollen, ohne diese Sehnsucht zu beachten. Das Hineingetriebenwerden in die äußerste Einsamkeit, in das absolute Getrenntsein von der menschlichen Liebesgemeinschaft; dorthin, wo selbst die liebevoll dargebotene Hand das verstockte Individuum in seiner Selbstisolation nicht mehr erreicht: das erlebte Gerhart Hauptmann als die Tragödie schlechthin. Die Verstockung ist das Resultat gehemmten Wachstums. Sie wollen „zur Lebensfreude durchdringen" und werden gehemmt. Hauptmanns Helden sind gehetztes Wild; der Mensch ist der Jäger, der Mensch ist das Wild. Und Hauptmann läßt wieder das furchtbare, kosmische Verhängnis spüren, das aus der Liebesgemeinschaft ein Jagen macht. Die Entscheidung bringt nicht der Jäger, sondern das Wild. Das Wild ist nicht passiv. Sonst wären Hauptmanns Werke keine Tragödien, sondern gedichtete Morde. Die Gehetzten infizieren sich mit dem Haß der Hetzenden. Sie werden aktiv in ihrer Feindschaft. Sie verbauen sich in einer Kriegsfestung; nicht für den Moment, sondern für immer. Sie mauern ihre Festung zu und verhungern. Der Prozeß der Verstockung muß mit dem Tod enden. All die Gehetzten, die Hauptmann gedichtet hat, unterliegen nicht der Übermacht der Peiniger; sondern unterliegen der Selbstverstockung, welche die Peiniger veranlaßt haben. Hätte Rose Bernd sich nicht der milden Frau Flamm offenbaren können? „Helfen kann mer dabei niemand nich", antwortet sie. Hätte Arnold Kramer sich nicht seinem Vater anvertrauen können, der ihm mit herber Innigkeit gesagt hatte: „Wenn du irgend mal was auf dem Herzen hast . . . ich bin nämlich sozusagen dein Vater!"

Unerklärlich ist das Schicksal, das plötzlich aus Lämmern Wölfe macht. Wilhelm Scholz: „Ich weiß nicht mehr . . . ich weiß nur . . . Es steckt etwas in uns Menschen . . . Der Wille ist ein Strohhalm . . . Man muß so etwas durchmachen . . ." Henschel: „Ich bin niemals nich keen Krakehler gewest. Aber jetzt ist's a so gewor'n." Und Graf Ulrich sagt zu Griseldis: „Warum hab' ich dir alles dies angetan? — Ich weiß es nicht . . . Wer hat seinen Fluch auf mich gelegt, daß ich dich, Griselda, die ich doch mit einer sündhaften Liebe liebe, mit aller erdenklichen Bosheit des Herzens martern muß?"

„Wer — trägt nun — die Schuld? — Wer?"

Die Frage wird gestellt. Aber Hauptmann besitzt nicht Strindbergs gottsucherische Not und Strindbergs geistige Vehemenz, um diese Urfrage bis zum Mittelpunkt des Kosmos vorzutreiben. Aber auch Hauptmann weiß, daß hier Kräfte wirken, die über menschlichem Wollen stehen. Nicht nur der müde Johannes Vockerat, auch die willensstarke Anna Mahr unterliegt ihnen.

Der Mensch hatte sich dem Menschen als Bestie, als Peiniger offenbart; unter dem Druck dieses grauenvollen Erlebnisses dorrt noch die Liebeskraft der menschlichsten Menschen. Nie gilt mehr als von Liebe und Haß, daß Gleiches nur Gleiches bewirken, Gleiches nur Gleiches hervorreizen kann. Wie der Notschrei der Griseldis erst die wahre Liebe im Grafen Ulrich erweckt, so ist es die Mauer von Haß, Verachtung und Bosheit, welche Rose Bernd und Arnold Kramer ersticken läßt.

In vielen Verwandlungen kommt das böse Schicksal dem liebesüchtigen Menschen: als der Unverstand abergläubischer Eltern; als die Eifersucht eines gecken Faun; als die Besitzeswut eines skrupellosen Weibes; ebenso aber auch als die Selbstgerechtigkeit des ehrlichen alten Bernd.

Oft ist es die große egoistische Passion, „die Liebe", welche der echten Liebe, die vereinigt, nicht isoliert, die Kraft entzieht, so daß Starschenski von Elga sagen muß: „Sie verstellt mir das All" und Griseldis ihren Gemahl bitten muß, sie weniger zu lieben.

Ist es nicht auch eigener Mangel, der das volle Wachstum stört? Ist nicht Johannes Vockerat Neurastheniker, Gabriel Schilling schwindsüchtig? Ist es nicht Arnold Kramers gebrechlicher, häßlicher Körper, der seiner Seele die Lebenskraft sperrt? Tatsächlich verlegen ihm doch erst die Menschen, die diesen Körper verspotten — verspotten müssen, den Weg ins Leben. Die Tragödie liegt nicht innerhalb der Individualität, sondern im Individuellsein. In der Tatsache der Individualität ist die Tragödie schon latent, und sie wird offenkundig, sobald die Individualisierung, besser: die Abscheidung aus der menschlichen Gemeinschaft, so weit ist, daß der Zusammenhang unterbrochen ist. Hauptmann, der in seinem größten Werk den Tod als die mildeste Form des Lebens, als der ewigen Liebe Meisterstück gebildet hat, und Hauptmann, der andere, welcher die Vitalität, die Irdischkeit, die Diesseitigkeit des Menschen verherrlicht hat; Hauptmann, der den Glockengießer Heinrich Natur werden ließ und gerade hier sehen mußte, daß der Mensch im Unterschied von der Natur ein Leidwesen ist, das spricht: „Ich bin der Sonne ausgesetztes Kind, das heim verlangt" — Hauptmann steht genau im Scheitelpunkt zwischen den Reichen, deren Vereinigung der gigantische, vielleicht unlösbarste Plan der nachchristlichen Ära ist.

Der Prozeß der Isolierungstragödie endigt fast immer mit dem Freitod. Er ist ein Ausweg (nicht etwa eine Heldentat). Aber der Prozeß der Isolierungstragödie hat noch einen Ausweg, den der große Gegenspieler der Verstockung bahnt: die Liebe. Ottegebe erlöst den armen Heinrich. Eine Ottegebe allein vermag die Selbstisolation des Verstockten zu überwinden. Sie hat so viel Liebesgewalt, um die Bresche zum Selbstgefangenen zu legen, die Ida Buchner, August Keil, Professor Meurer nicht zu schaffen vermögen. Nur durch den Einsatz des eigenen Lebens bringt sie den Selbstischen zur höchsten Liebestat: zum Verzicht auf das Opfer des Du, zum Selbstopferungswillen.

Hauptmann hat nur selten die überwundene Tragödie gedichtet. Er wußte, daß sie das seltene Wunder ist, welches das Antlitz der Welt in seinen großen Zügen nicht bestimmt. So wurde er zum Tragöden. Der Tod prägt stärker als die Liebe den Charakter der Welt: „Der Tod ist immer das Große, hör'n Se: der Tod und die Liebe, sehn Se mal an." Den Tod findet jeder allein. Aber „ohne Mittler kann Gott nicht erlösen". Der Mensch ist der Jäger des Menschen. Der Mensch ist das Wild des Menschen. Der Mensch ist der Mittler des Menschen. Der Mensch, der mit Liebe gesegnet ist, kann den Verstockten, der sich aus der Liebesgemeinschaft verbannt hat, zurückführen. Der Schrei der Griseldis in höchster Liebesnot weckt das Herz des verstockten Grafen!

Neben der Tragödie und neben der überwundenen, verhinderten Tragödie dichtet Hauptmanns Komödie ein drittes Mal den Prozeß der Verstockung.

Das Erlebnis der Unzulänglichkeit wird von der menschlichen Seele dreifach beantwortet: mit Pathos; mit Ironie; mit Humor. Das Pathos beklagt den Mangel, der in ungezählten Variationen allen Lebensgebilden innewohnt: in der pathetischen Resignation verzichtet der Mensch auf Erfüllung; im pathetischen Hymnus nimmt er sie vorweg. Aber allen Formen des Pathos (auch dem pathetischen Verzicht) ist das Streben zur Überwindung des Leids gemein. Erst in der Ironie und im Humor tendiert das Leid nicht mehr auf die Lösung der objektiven, das Leiden verursachenden Differenz der Weltelemente, sondern reflektiert nur den im Subjekt entstandenen Effekt. Die Spannung zwischen Sehnsucht und Erfüllung wird nur noch gespiegelt, als unaufhebbar in der Ironie, als im tiefsten wesenlos im Humor; sie wird aus der Ebene der Aktivität und des Lebens in andere Dimensionen transponiert; verkapselt sich und wird Kunst. Mit Ironie und Humor ragt die Kunst ins Leben: sie sind die gewaltigsten Palliative gegen das erlebte Leid.

Ironie und Humor versteinern das Leid: zu unerbittlicher Fratze und zu bunter Perle. Welche Seele ironisch und welche humoristisch reagiert, hängt davon ab, welche Seele als geistiger Richter und welche Seele als verliebter Ritter der Welt naht. Denn von der Idee her, an irgendeinem absoluten Wertmaßstab unbarmherzig gemessen, ist der Riß, der durch die Welt geht, unretuschierbar. Der Ironiker flüchtet sich schmerzgequält in die Fixierung dieses Risses; er verzerrt das Unzulängliche und setzt damit die Disproportionen noch unter das Mikroskop, in dieser Selbstpeinigung sein Pathos auslebend. Er läßt sein Paradigma in der Groteske (dem etwas geglätteten und entradikalisierten Spiegelbild der Ironie) zu phantastischen Schwellungen aufwuchern und vergißt im Zynismus sogar den leidvollen Ursprung. Auch der Humorist konfrontiert Urbild und Kopie. Aber da er in ernsten Stunden den Unzulänglichkeiten nicht aburteilend mit tragischer Gebärde, sondern mitleidend in metaphysischer Hoffnung gegenübersteht, lacht er — wenn er einmal lacht — nicht aus der Galle, sondern aus vollem Herzen; ihm ist der realistische Blick für alle Verzeichnungen im Weltall mit dem Ironiker gemein, aber sein Pessimismus des Auges ist doch nur der Vordergrund vor einem tiefen Weltvertrauen. Hauptmann hat dieses Goethesche Weltvertrauen: „Die Verschiedenheit der Geschlechter, wenn sie manchmal das Leben auch bitter macht, hat im Grunde doch auch alle Himmel erzeugt. Es ist alles aus dieser Zweiheit gewachsen, was die Erde in ihren Tiefen und Höhen beglückt. Sie hält den Bergmann in seiner Grube, den Aeronauten im Luftschiff fest und macht — diese kleine Zäsur im All! — daß unendlich erschöpfliche Fülle von Reizen auf die armen Zerschiedenen niederfällt.“ Wie polar entgegengesetzt hat der große Erzironiker Wedekind die Zweiheit der Geschlechter erlebt! Aber nicht der flache Optimismus der heutigen Laotses beseelt Hauptmanns Werk; er ist der ebenbürtige Widerpart derer, die (von Büchner bis Strindberg und Wedekind) ihr kosmisches Mißtrauen immer gesteigerter hinausgeschrien haben. So konnte auch bei ihm der in unserer Zeit notwendig so seltene Humor wachsen; jenes Liebeslächeln über die Abweichung von der Idee; jenes befreiende, wohlwollende Gelächter über die putzige Mißgeburt, die Mensch heißt, die Jau heißt. Allerdings ist Hauptmann kein Humorist, der selbst von der Domäne des großen Ernstes Besitz ergreift. Crampton ist nur die Ergänzung zu Robert Scholz. Und Peter Brauer offenbart sich aus dem gleichen Grunde nicht wie Arnold Kramer und Rose Bernd. Während ihre Selbstisolierung tragisches Pathos hat, wirkt die naive Aufschneiderei des Schmieranten Peter Brauer grotesk: „Wenn ich nicht grade jetzt ein bißchen kaputt und durch körperliche Unpäßlichkeit verhindert gewesen wäre, ich hätte mir eins, zwei, drei meinen Karton gemacht, hätte alles dann prima heruntergestrichen und es wäre alles ganz anders gekommen." Weder der Pathetiker Schiller noch der ethische Ironiker Wedekind hätte (auch abgesehen vom Artistischen) einen „Biberpelz" schaffen können; und zwar deshalb nicht, weil sie auch nie einer Rose Bernd Geschick als Urphänomen menschlichen Schicksals geschaut haben. Denn Hauptmann, nicht Wedekind ist amoralisch. Hauptmann, nicht Nietzsche ist Immoralist. Mutter Wolff und Crampton, Frau Fielitz und Wehrhahn (auch Wehrhahn!) sind ebenso jenseits von Gut und Böse, wie Rose Bernd, Fuhrmann Henschel und Arnold Kramer. Wedekind opponierte gegen den abgegriffenen Sündenkodex seiner Zeit, um einer reineren, vertiefteren Idee der Sünde willen. Die größte deutsche Komödie, Büchners „Leonce und Lena", ist eine blutige Satire: die karikiert, parodiert, ironisiert. In Hauptmanns „Biberpelz" wird selbst Wehrhahn noch halb gutmütig mehr als dummer Kerl denn als Schuft charakterisiert; und wie hätte radikale Artistik ihn verfluchen können! Der Dichter des Woyzeck mußte seiner lachenden Tragödie grimmigen Hohn geben. Hauptmann, der alles Leid nur der Isolierung, Verstockung, Verhärtung der Individuen zuschreibt und immer auf die latente Möglichkeit der Entschränkung weist, also nie die seelische Verkalkung als Verteufelung theologisiert — Hauptmann kann mit jenem Leichtsinn, dem das Leid nicht tragisch, nicht metaphysisch-definitiv ist, über dieses Sich-spreizen, -recken, -wichtignehmen der Wehrhahn und Crampton, der Nast und Jau, über dieses Sich-sperren der isolierten Splitter vor der übergreifenden Menscheneinheit und dieses Sich-aufpusten zu Quasi-Totalitäten harmlos-schelmisch lachen. Kein „Radikalböses" fordert ihn zu scharfem, ätzendem Pseudolachen heraus, und platzte auch Jau der Despot an den Blähungen seines Gottesgnadentums. Denn wer die Verstocktheit und sich abschnürende Verbohrtheit der Friedensfestler und der Kramer unpathetisch-mitleidend und nur als Negativum ihrer zur Einheit strebenden Kreatürlichkeit erlebt, kann auch die bramarbasierende Borniertheit nicht hasserisch verlachen. So hat Hauptmann keine seiner Gestalten so von der Lebenseinheit abgeschnürt, daß sie (wie untermenschliche Mißgebilde) restlos dem Gelächter der Grausamkeit preisgegeben wären. Hauptmann hat weder die Diebin noch den Säufer, weder den stelzenden Junker noch den anämischen Oberlehrer oder den vertierten Landstreicher pathetisch-ironisch oder gar zynisch-libertinistisch parodiert. Er mißt Mutter Wolff nicht absolut, am Dekalog des Moses oder an den noch härteren Gesetzestafeln Zarathustras, sondern relativ zum Ethos des Junker Wehrhahn. Die Diebin ist (wenn sie auch wie eine Elster stiehlt) menschlicher, d. h. entschränkter als der Junker, weil ihr Liebesquantum größer ist. So wirkt die Diebeskomödie mit der Diebesheldin nie lax. Und dies Sich-öffnenkönnen, die Sympathie, die Liebesvitalität, welche den ehernen Kreis unersättlicher Selbstbereicherung sprengt — diese Urgüte ist der Keimpunkt einer Welt, in der Arnold Kramer und Crampton Brüder sind. Immer dichtet Hauptmann — in Ernst und Humor — das Licht, das zum Schatten seiner Gestalten gehört. Für uns, die wir naturgemäß von der Oberfläche ausgehen müssen, ist der Schatten das erste: die Eingegrenztheit, Abgesondertheit, das Individuum. In Wahrheit ist das Licht das erste: die Einheit, Verbundenheit. Und wie der Tod das Antlitz des häßlichen Arnold Kramer von den Spuren des Gehetztseins erlöst und Friede und Schönheit als sein eigentliches Wesen hervorzaubert, so zerschmilzt auch beim Lächeln des Humors die marionettenhafte Starre des menschlichen Clowns. Der Humor ist der Stellvertreter des Todes im Leben.

III.

Hauptmann in der Zeit.

Gerhart Hauptmanns Drama ist im Bereich der modernen Tragödie ein erratischer Block. Gerhart Hauptmanns Drama ist nachgoethesch durch das Fehlen eines deutenden Mythos. Es ist nachgoethesch, da es nur „einsame Menschen" darstellt. Aber es unterscheidet sich wesentlich vom büchnerwedekindschen Drama, da es die metaphysische Einsamkeit der Geschöpfe nicht positiv-unmittelbar darstellt, sondern nur indirekt, in den Krankheitssymptomen der sozialen Gewebe, und da es sich nicht titanisch auflehnt, sondern komplativ mitleidet. Dantons, Gothlands, Herodes', Keiths Lebenskampf ist bewußter, direkter, reflektierter, aktiver; Rose Bernds und Fuhrmann Henschels Tragödie ist verdeckter, nur aus den sozialen Zufalls-Konstellationen erschließbar und unrevolutionärer. Und weil in Hauptmanns Tragödie die tragische Seele unter Fuhrmannsmuskeln und Bauernworten verdeckt liegt, glaubte man fälschlich, in ihm den Positiven, den Gegenpol der Anarchie gefunden zu haben. Hauptmanns geheimer Weltmythos ist dem Schopenhauer-Hebbelschen Welterlebnis verwandt. Zwar: Hauptmann erlebt die Natur ursprünglich, während Grabbe sie dämonisch, Nietzsche heroisch, Wedekind überhaupt kaum erlebte. Aber auch Hauptmann ist kein Heide, dem die Natur zum Mythos werden könnte. Auch in seinem Werk ist das stille Walten der Natur neben, nicht über dem Leben des Menschen, nicht sein tragender Grund. Hauptmann ist Wedekinds Gegenpol; aber innerhalb des mythenlosen Dramas der nachgoetheschen Epoche. Hauptmanns Geschöpfe wurzeln in der Erde, aber wachsen in eine entgötterte Welt. Die Erde vermag ihre Wurzeln zu nähren, aber nicht festzuhalten. Hauptmanns Geschöpfe haben nicht den Intellekt, um die Problematik ihres Schicksals auszusprechen, und nicht die Aktivität, sie überwinden zu wollen; aber sie haben das einsame Frieren und das sehnsüchtige Verflackern ins Nichts. –

✡

Kapitel XII

Arthur Schnitzler

> **„Zwei saßen sich gegenüber; jeder hielt dem andern einen Spiegel vor, darin sah der andere sich selbst mit einem Spiegel in der Hand und in dem Spiegel wieder den andern mit dem Spiegel in der Hand und sofort in die Unendlichkeit."**

Melancholias Welt ist herbstlich. Bunt wie Herbst, in allen Farben schwelgend. Unwirklich wie Herbst, auf keine Temperatur fixiert. Voll modriger Süße wie Herbst, ausschweifendstes Leben unter dem Anhauch des Todes. Immer krümmen sich schrumpfende Blätter und fallen. Die Natur ist erregt; sie zittert vergangenen Freuden nach und nimmt kommendes Grauen vorweg. Nicht mehr blitzträchtige Schwüle und noch nicht weißer, kalter Tod. Mehr das Dazwischen. Eine Flut voll Schwebungen.

Kein Zeus mit majestätischem Gelock und stirnrunzelnden Götterbrauen garantiert eine geordnete Welt. Und Thor hämmert keine fugenlosen Schicksale. Leise, wie verdorrte Blätter zur Erde schweben, enden Melancholias Kinder. Von Beginn an rinnt nur schmales Leben in ihnen. Nie staut es sich zu Leidenschaften, die brüllen. Die Lebenssituationen folgen sich nicht springend-abrupt wie Staccatos, sondern verschweben ineinander wie ein Glissando. Die Schnitzler-Menschen warten — und wartend verglimmen sie. Sie können sich nicht losreißen; sie werden schicksalhaft abgelöst, nach den Wachstumgesetzen der Seele. Sie werden von der Vergangenheit der Zukunft übergeben. Die grüblerische Umrankung ihrer Passivität ist ihr Leben.

Immer ist der Tod anwesend als Unterklang ihres Lebens: „Warum reden sie denn vom Sterben?“ fragt Johanna im „Weiten Land“. Sala antwortet: „Gibt es einen anständigen Menschen, der in irgendeiner guten Stunde in tiefster Seele an etwas anderes denkt?“ Der Tod ist nicht wie in Novalis' Todespoesie kosmische Kraft, die allgewaltig das Leben einschluckt, sondern nur Folie des Lebens, Stimulans seiner vibrierenden Erregbarkeit, der brennende Tonus seines reichsten Farbengewirrs. Zwei junge Liebende ziehen in die weite Welt und wissen, daß unstillbare Krankheit ihm nur ein Jahr Frist läßt: nun ist der Tod sichtbarer Mitgestalter jeder Lebensstunde. Und wieder erwartet einer die Geliebte zur Liebesstunde, während sie im Sterben liegt. Der Tod beschattet in schwerem, schwarzem Schweigen die Superlative des Lebens. Oder der Tote steht unsichtbar unter den Lebenden. Und die Magie des Jenseits strahlt ins Diesseits hinein. Der Tod ist im Werke Schnitzlers die große Realität; nicht jener leere Tod, der nur die Negation des Lebens bedeutet, sondern jener ungewisse, dämonische, grauenschwangere Tod, der dem Leben erst sein eigentümliches Relief verleiht.

Für Schnitzler ist aber nicht, wie für Nietzsche, Trunkenheit Folge der rätselhaften Drohung des Horizonts; seine Menschen sind zu beladen, um zu tanzen und zu müde zur Ekstase. Ihr Dionysisches lebt sich schon (ähnlich wie bei Hofmannsthal) in einer durch artistische Strenge gedämpften Gestalten-, Farben- und Tonpracht aus. Denn ihr Überschwängliches und Gelöstes ist zugleich leise und konventionell, weil sie an die Vergangenheit gekettet sind. Die Erinnerung beherrscht sie. Daher sind sie voll von Geheimnis. Das Gewesene ist ihre Gegenwart: „Ich bin mächtiger als die Sonne und die Menschen und der Frühling. Aber mächtiger als ich ist die Erinnerung, die kommt, wann sie will, und vor der es kein Fliehen gibt.“

Alle Schnitzler-Menschen gehen gebückt unter dieser Erinnerungslast. Und finden zwei zueinander und reden von ihrer vergangenen Liebe, so ist es, als lebte diese Liebe erst durch die Erinnerung. Wie hinter Schleiern, in unausrechenbarer Distanz, leben uns diese Menschen, weil wir nie ihren Augenblick, sondern immer nur ihren Nachgeschmack erleben. Ihre kühle, isolierende Atmosphäre verhindert, daß je ein Funke ihres Lebens in unser Leben zündend einfallen könnte.

Lösen sie sich aber von der Vergangenheit, so senkt sich ihre Lebenswurzel sofort in die andere Irrealität: die Zukunft. Flaubert sagt einmal: „Vor einer Trennung gibt es immer einen Augenblick, wo die geliebte Person nicht mehr bei uns ist.“ So erlebt auch Schnitzler schon die Gegenwart als Erinnerung oder Zukunft, und das Unheimlich-Visionäre des Abschiednehmens wird durch dieses Verflüchtigen des Moments geprägt. Ist Trennung Sterben vor dem Tod, so wird der Abschied — jetzt Vorwegnahme des Todes — um so furchtbarer, als er nicht nur Schlußpunkt hinter einer Periode des Zusammenseins ist, sondern schon Komponente dieses Zusammenseins selbst. Das Liebesglück beginnt mit dem ersten Kuß zu sterben. Schnitzlers Menschen lieben con sordino, weil sie nie aus dem magischen Kreis der Vergänglichkeit auch nur in einer unbewußten Minute heraustreten.

Diese Gegenwartsfremdheit läßt die Phantasie wuchern. Aber diese Phantasien, diese verästelten Geranke eines reichen Seelenlebens, werden als Realitäten vom Bewußtsein nachfixiert. Schnitzlers Menschen sind sich selbst gegenüber Realisten, keine stilisierenden Moralphantasten. Der Destruktion des Pathetischen, die Schnitzler leise, unauffällig, ohne Aplomb, auch ohne Shaws beißende Satire, nicht nur an der großen Gebärde des „Literatur“-Menschen, sondern an der dekorativen Phrase von Monumentalität und Ewigkeit überhaupt vornimmt, läßt er kein neues Idol, nicht irgendeinen Übermenschen folgen — ist doch alles im Reigen —; es bleibt nur über jene schlichte, gar nicht festlich-idealistisch aufgeputzte Seelenwelt, in der auch der Liebhaber in den Stunden der Wollust den Tod der Geliebten ersehnt; in der auch einer in vollem Liebesglück anderer Liebesstunden gedenkt; in der eine opernhaft vorbereitete Abrechnung zweier Feinde vor dem Tode in Belanglosigkeiten versickert. Wehmütig-resigniert und skeptisch-schalkhaft antwortet Schnitzlers Weisheit dem unpathetischen, gar nicht außerordentlichen Charakter unserer Seele. Wer „lieber Schmerzen, als Verantwortungen" will; wen ein „Gefühl von der Traumhaftigkeit und Zwecklosigkeit des Daseins" beherrscht; wer keine Schuld kennt, sondern alles der Ordnung von Blühen und Verwelken unterstellt; wem, aus dem Mittelpunkt der Erde heraus, alle Dinge gleich schwer wiegen; und wem das Leben Spiel ist, Spiel mit Söldnerscharen oder Aberglauben, Spiel mit Sonne und Sternen oder Seelen: dessen Idealismus scheut die „Flucht aus der bewegten Fülle der Erscheinungen in die Marionettenstarre der Kategorien", mag sie sich Dekalog oder kategorischer Imperativ nennen; dessen Beruf ist es, Mensch zu sein, nicht verkrüppelter Mensch und nicht gerechter Mensch. Schnitzlers Ethos ist wider den Selbstverstümmler und wider den Faust. So kann ihn jeder Selbstverstümmler in Fausts Maske bekämpfen.

Schnitzler schuf ein All voll seelischer Monaden, voll unheroischer Einsamkeiten. Kein farbiges Gesellschaftsalfresko, kein wirkendes Milieu, keine übergreifende Idee bindet die Seelen zusammen. Und diese ätherischen Wesenheiten sind nur Prozeß, unstarr, unprofiliert. Nie brennen sie sich durch scharfe Kontur dem Gedächtnis ein. Wie sie alle voll Antipathie gegen Bindungen sind, so sind sie auch von ihrem Dichter nicht gebunden, auch nicht an einen Körper. Hauptmanns Gestalten sprechen ihren Leib aus (wie ihr Leib ihre Seele ausspricht). Schnitzlers Menschen verströmen sich, und keine starre Materie hindert diesen Prozeß. Dieser Prozeß kreist in einer tür- und fensterlosen Einheit: „Man diskutiert doch nur, um sich selbst und nie den andern zu überzeugen." Aber wie alle diese kleinen Welten gegeneinander isoliert sind, trotz der Verkettung der Leiber, so ersehnen sie alle — vergeblich! — die Erlösung von dem ewigen Kreisen in sich. Schmerz und Leid sehnen sie, um vom großen, gemeinsamen Lebensstrom gefüllt zu werden. Das Leben ist in viele Leben zerfallen. Gerhart Hauptmann dichtete die Tragödie von der Vergötzung der Splitter und wurde Verkünder der Erlösung zur Einheit. Schnitzler gab keine kämpferische Tragödie und keine Verkündigung: nur Weisheit, Verzicht und verborgenes Sehnen. —

✡

Kapitel XIII

Wedekind

Eine Zeit kann zu ihrem Ideal in harmonischer oder disharmonischer Spannung stehen. Das Ideal ist entweder die Auskristallisation der innersten Seelenwirklichkeit oder der innersten Seelensehnsucht; das Ideal ist entweder Krönung, Vollendung, Ziel eines Daseins; oder Gegengewicht, oder Flucht aus einem Dasein. Die Ideale des modernen Menschen sind unerreichbar; nicht weil sie zu hoch über ihm liegen, sondern weil sie seine Antipoden sind. Zwischen der Wirklichkeit und dem Ideal des modernen Menschen liegt eine absolute Spannung, die Spannung des Gegensatzes. Auch die Tragödie Wedekind ist diese absolute Spannung, Zwist zwischen einer Existenz und ihrem Willen.

I.

Wedekinds Wille ist die Welt der ungebrochenen Triebe. Lulu, Effie, Franziska sind Verdichtungen seines Willens — Utopien, Fanfaren, Theologien. Ihr Wirken ist ihr Trieb. Ihre Sprache ist ihr Trieb. Ihr Leiden ist ihr Trieb. Sie sehen noch mit ihrem Trieb: „Man kann in der Tat aus dem Schritt einer Dame eruieren, ob sie eine Stumpfnase oder eine gebogene Nase, ob sie volle oder schmale Lippen hat." Wedekind verehrt demütig das Blühen der menschlichen Natur. Ihre ewige Gesetzmäßigkeit ist ihm der Logos des Evangelisten Johannes, der heilige Geist der Christenheit. Keine Pflicht, kein Denken tritt fremd zwischen den Menschen und seinen Trieb. Keine übermenschliche, keine objektive Logik biegt den Trieb aus seiner eingeborenen Richtung. Pflicht und Gedanke sind nur die rationale Abspiegelung des Trieblebens. Die Klugheit ist Wissen um den Trieb, ist Mittel der Durchsetzung des Triebes. Der Dualismus des „Fleisch bleibt Fleisch — im Gegensatz zum Geist" weicht dem Bekenntnis: „Das Fleisch hat seinen eigenen Geist."

Wedekinds Wille ist die Welt der Egoismen, die Brutalität des Daseins und die Moral dieser Brutalität. Die Moral dieser Brutalität fordert: Elastizität. „Wem es an Elastizität gebricht, der bleibt im Grase, und die wilde Jagd saust johlend, kläffend, achtlos über ihn hin."

Wedekind verkündet nicht den Körper, sondern das Ideal des Körpers, den unverkrüppelten Körper. Wedekind verkündet das Tier im Menschen; aber zugleich den Menschen im Tier. Er verlangt Stolz vom Tier; er will nicht das Tier schlechthin, er will das rassige, schöne Tier. Wedekind ist der rigoroseste Moralist, weil er das Tier noch unter das Moralgesetz stellt. Wedekind ist selbst beim Anblick eines Pferdes noch Moralist. Die Existenz Wedekinds macht sich in seinem Willen geltend.

Hauptmann dichtet die Natur; Wedekind dichtet in der Richtung auf die Natur. Hauptmanns Naturalismus ist Ausdruck eines Weltgefühls. Wedekinds „Naturalismus" ist Symptom eines Willens: „Um wieder auf die Fährte einer großen, gewaltigen Kunst zu gelangen, müßten wir uns möglichst viel unter Menschen bewegen, die nie in ihrem Leben ein Buch gelesen haben, denen die einfachsten animalischen Instinkte bei ihren Handlungen maßgebend sind." Wedekinds „Natur" ist eine Idee. Wedekinds Menschen setzen sich für Vitalität ein, Hauptmanns Menschen leben. Wedekind ist romantischer Moralist; Hauptmann ist Naturalist. Wedekind verspottet schon zur Blütezeit des Naturalismus Gerhart Hauptmann in der Maske des Dichters Franz Ludwig Meier, der ohne Notizbuch nicht einmal küßt. Wedekinds „Naturalismus" ist Methode des Erkennens, politischer Angriff gegen dekorative Fassaden, metaphysische Sehnsucht: aber kein Besitz, kein selbstverständliches Verbundensein mit der Natur. Hauptmanns Natur ist die Landschaft, in die seine Seele hineingeboren wurde. Wedekinds „Natur" ist eine seine Phantasie bezaubernde Kokotte, der er verfallen ist. Die außermenschliche Natur ist in Wedekinds Werk überhaupt nicht eingegangen.

Der Moralist Wedekind ist Pädagoge und Polemiker. Sein Werk ist guten Teils Politik, Aufklärung, Diskussion, Abhandlung. Im Fragment „Mine-Haha" weist er, wie Nietzsche vor ihm, den Weg zur Züchtung der Rasse. Er bekämpft die Verfälsehung der Empfindungen: „Das Haus, die Familie hat die heranwachsende Jugend vor allem darüber aufzuklären, daß es in der Natur überhaupt keine unanständigen Vorgänge gibt, sondern nur nützliche und schädliche, vernünftige und unvernünftige. Daß es aber in der Natur unanständige Menschen gibt, die über diese Vorgänge nicht anständig reden, oder die sich bei diesen Vorgängen nicht anständig benehmen können." Wedekind bekämpft die Moral der Körperversklavung, die drei barbarischen Lebensformen: „die wie ein wildes Tier aus der menschlichen Gesellschaft herausgehetzte Dirne, das zu körperlicher und geistiger Krüppelhaftigkeit verurteilte, um sein ganzes Liebesleben betrogene alte Mädchen und die zum Zweck einer möglichst günstigen Heirat gewahrte Unberührtheit des jungen Weibes". Der Moralrevolutionär Wedekind baut Aberglauben, falsche Wahrheiten, Konventionserlebnisse ab, um zu den echten Erlebnissen zu gelangen. Seine Form der Destruktion ist das Paradox. Nur die Deutung des Paradoxes als polemische Pointe trifft seine Wahrheit.

II.

Wedekinds Wille ist die Rasse, das edle Tier, das Jenseits von Gut und Böse. Wedekind ist nicht Rasse; die Rasse ist seine Moralforderung. Wedekind fordert als Inhalt der Moral das Übermoralische. Und stuft dieses Übermoralische wieder moralisch ab. Wedekind ringt furchtbar um die „Wiedervereinigung von Heiligkeit und Schönheit". Wedekind ringt – wie vor ihm Nietzsche – um die zerstörte Einheit. „Die Freude am Geist, die Ehrerbietung vor der Erscheinungswelt, das sind die beiden Elemente, die ich, bevor ich sterbe, noch miteinander aussöhnen möchte." Wedekind kämpfte gegen die blutlose Ideologie; und er kämpfte gegen die seelenlose, süßlich-geile Sinnlichkeit der Philister, aber auch gegen das seelenlose Kraftmeiertum des Biceps-Helden Rodrigo Quast, der auf seinem Brustkasten angeblich „zwei gesattelte Kavalleriepferde balanciert".

Wedekinds Existenz lebt in Zwist mit Wedekinds Willen: Hetmann, Ausbund der Häßlichkeit, verkündet das Ideal der Schönheit – und wird als dummer August für den Zirkus engagiert. Casti Piani mit der Todeswunde, dem Moralismus geboren, verkündet den lachenden Sinnengenuß – und eine Jungfrau drückt ihm die Augen zu. Marquis von Keith, Knecht des Lebens, der „das Leben verteufelt ernst" nimmt, verkündet das souveräne Spiel mit dem Leben – und wird von einem Bürger mit einigen wenigen Münzen ausgeschaltet. Der Fluch der Lächerlichkeit lastet auf dem Romantiker. Das bittere Gelächter über sich selbst umklingt Wedekinds Selbstporträts. Keiths Hochstapeleien sind nicht Überlegenheit, sondern Betäubung: Keith sucht lieber Zigarrenstummel in Kaffees als in Bückeburg ein kleinbürgerliches Idyll; aber nicht, weil seine Kraft der Weltbezwingung in Bückeburg brachläge, sondern weil die hungrige Leere seiner Existenz in Bückeburg keine Nahrung fände.

III.

Das sind die Spannungen des Wedekindschen Daseins: daß seine moralische Forderung – jede Moral verneint – und noch die amoralische Moral unter das Moralgesetz stellt; und daß seine Verkündigung seine Existenz, seine Existenz die Verkündigung Lügen strafen muß. Wedekinds Wille ist amor fati; sein Wille ist gar nicht sein Wille. Er nimmt das Unabänderliche in seinen Willen auf. Er prägt das Schicksal zum Willensziel um. Zwischen ihm und dem Leben ist Liebeshaß: die heilige Wollust beim Anblick des Weltleibes und das kalte Grauen beim Anblick des Weltgekröses. Der Glaube an das Glück der Triebwelt ist die große Realität; und der Glaube an das Glück der Triebwelt enthüllt sich als Phantasma. „Frühlingserwachen“: das ist der Glaube an das Glück der Sinne; das ist die Verspottung des erhabenen Humoristen; des Pessimisten. „Dem vermummten Herrn“, dem Überreder zum Leben, ist „Frühlingserwachen“ gewidmet. „Tod und Teufel“: das ist der demaskierte Trieb; schon der junge Wedekind kennt ihn:

„Wenn im gewaltigen Wettersturme,
Aller Geisterherrschaft enthoben,
Leidenschaften jäh durcheinander toben,
Dann leuchtet die runzlige Welt
Allerwärts plötzlich vom Blitz erhellt.
Und das Stück Wild mit gepeitschten Hüften,
Sausend jagt's zwischen Stern und Grüften
Auf und ab, auf und ab . . .“

Wedekind versuchte mit seinem Ideal seine Existenz zu verdecken. Wedekinds Ausweg war die Anbetung des Sinnengenusses. Die Illusion des Romantikers Wedekind war der „sonnige, lachende“ Sinnengenuß, „der Lichtstrahl, die Himmelsblume“, das „einzige ungetrübte Glück, die einzige, lautere Freude“. Und dann entlarvte der Romantiker sich selbst. Die Flucht gelang nicht: „Die Lust, das Ungeheuer, tobt ewig in dieser Brust." Wedekind bleibt nichts mehr übrig: Er dichtet den Bankrott; das sinnlos rasende Leben. Und in einigen Dialogen ist die rasende Sinnlosigkeit und der an rasender Sinnlosigkeit todkranke Mensch unheimlich verschmolzen:

Lulu: Ruhig, ich habe deinen Vater erschossen.
Alwa: Deswegen lieb ich dich nicht weniger: einen Kuß.
Lulu: Beug' den Kopf zurück.

Lulu: Derweil vergrab ich meine Hände in deinem Haar.
Alwa: Du hast mich um meinen Verstand gebracht.
Lulu: Kommst du heute nicht mit?
Alwa: Der Alte fährt doch mit mir!
Lulu: Der kommt nicht mehr zum Vorschein. — Ist das noch der Diwan, auf dem sich dein Vater verblutet hat?
Alwa: Schweig — schweig . . .

Alwa: Liebst du mich — Mignon . . .?
Lulu: Ich? — keine Seele.
Alwa: Ich liebe dich.
Lulu: Ich habe deine Mutter vergiftet.

Der Aasgeier jedes seelisch-geistigen Bankrotts ist immer die Langeweile. Und so „wächst ins Gigantische die Langeweile. Kinder ergötzt es, Seeräuber und Gefangene zu spielen, weil ihnen das Treiben der Erwachsenen Achtung abnötigt. Aber uns, die wir erwachsen sind, was nötigt uns noch Achtung ab? . . . Was sollen wir spielen?" Und Wedekind fragt: „was das Entsetzlichste im Leben sei." Ihm wird geantwortet: „Begierde ohne Befriedigung." Er weiß Entsetzlicheres: „Langeweile." Die Langeweile ist das entscheidende Merkmal des tragischen Romantikers.

Wedekinds Menschen sind inselhafte, isolierte, einsame, verlorene, naturferne Seelen. Auch Hauptmanns Menschen sind einsame Menschen; kosmisch einsame, nicht nur sozial einsame Menschen; doch noch Gewächse, die der Boden entlassen hat, räumlich fixierbare Geburten des Daseins. Wedekinds Menschen sind frei im Weltall herumschwirrende Splitter. Er hat mit gutem Grund den international entwurzelten, abenteuerhaften Großstadtnomaden, der in einem Leben Komiker, Maschinist, Akrobat, Kritiker, Ballettmeister, Clown, Dramaturg, Oberregisseur, Feuerwerker und Chef der Claque ist, zum Träger seiner Dichtung gemacht. Jeder von diesen Vaganten ist ein Trieball für sich, seine Triebtendenz auswirkend, aussprechend, den anderen nur als Material seines Triebes betrachtend. So reden Wedekinds Menschen aneinander vorbei; jeder hört nur das Echo seiner Worte; der Dialog ist eine Symphonie, eine Kakophonie von Monologen, und diese Monologe sind in Worte gebrachte Triebe und Tragödien: die Tragödie des Moralisten, der die Moral überwinden will; und die Tragödie des Pessimisten, der das Lachen der Welt dichten will. –

✡

Kapitel XIV

Shaw

I.

Shaw ist zutiefst kein Dichter aus Talent oder Seelenüberschwang, sondern aus Revolution. Er hat zwar das Pech, nach seiner Revolution geboren worden zu sein, doch das verkleinert nur seine historische Bedeutung, nicht die Intensität seiner Leidenschaft. Es ist die Passion seines Lebens, Blinden den Star zu stechen, und er praktiziert diese Passion in der ihm verliehenen Dramatikersprache. Er hat für das Leben weder getragene Maestosos noch zuversichtliche Hallelujas; überhaupt bezeigt er gar keine Neigung, Biograph des Lebens zu werden: Shaw ist kein Philosoph. Er schafft nur aus einer Philosophie; das heißt: er lebt gegen die Wirklichkeit mit dem Maßstab einer Wahrheit, die nicht in ihm ausgebrochen ist, sondern die als seine Atmosphäre mit ihm geboren ist. In seinen Werken ist ebensoviel Philosophie, wie der von ihm hineingezeichneten Wirklichkeit daran gebricht. Und noch etwas mehr! Denn in einigen Bühnengestalten ist seine Wahrheit pure Lebensfülle geworden. Der Menschenkritiker wird – Menschenverherrlicher, wenn er die Idee, von der aus er kritisiert, im Menschen inkarniert findet. Dann entstehen die nüchtern-schlichten Dithyramben unauffälliger Feierstunden: Napoleon und Cäsar, Vivie und Candida.

Doch auch diese Vollendeten sind nicht ins Allerheiligste hingestellt, um berauscht angegafft zu werden. Ihre Leuchtkraft ist aggressiv. Sie kritisieren schon durch ihr Dasein. Shaw ist doch immer Politiker, im wissenden Lächeln einer Frau wie in der lässig-ungezwungenen Naivität des Führer-Menschen.

Zumeist ist er nicht utopistischer, sondern angreifender Politiker. Doch reibt er sich nicht an Vergänglichkeiten des Tages; er läßt sich den Inhalt seines Lebens nicht von irgendeinem Zufallsgegner aufoktroyieren. Seine Kämpfe, hier und dort, sind nur ein Kampf, er befeindet den romantischen Menschen. Der Name führt in die Irre. Shaw meint gar nicht jenen Romantiker, der aus schwebenden Phantasien, die doch alle in einer seelisch-geistigen Persönlichkeit zentiert sind, eine Welt auswebt, unzugänglich für jede Tatsächlichkeit, erhaben über jeder Tatsächlichkeit. Sein Angriff gilt dem Pseudo-Romantiker, der aus willkürlichen Stimmungen, notwendigkeitsbarem Gefallen und schaler, zur Tradition aufgerückter Literatur sich eine seelische Scheinwirklichkeit, ein farbig drapiertes Nichts vorgaukelt. In moralischem, ästhetischem oder heldisch-verrücktem Stile gibt diese Fata Morgana die animierende Fassade ab für eine ganz anders geartete, naturgegebene Seelenwirklichkeit. So wird die Moral des Pseudoromantikers von Shaw ins Gegenteil verwandelt: nicht das Ich ist sündig-krank und muß in das Ideal hineinwachsen, sondern das ich-fremde Ideal infiziert die Seele mit allen Giften der Hohlheit und der Fremdheit. Der Pestherd ist nicht maskierte Lüge wie in den „Stützen der Gesellschaft"; und Shaw ist kein Gesellschaftskritiker Ibsenscher Observanz. Der Pestherd liegt viele Klafter tiefer: in der aus dem Unbewußten stammenden und im Unbewußten verharrenden Verlogenheit. Shaw bildete unersättlich immer wieder von neuem den instinktiven Falschmünzer: den „Helden", den „genialen" Bohemien; den Christ aus Geschäftsinstinkt; die spröde Jungfrau aus Not; den Pathetiker aus Selbstverliebtheit; den Idealisten aus Zweckmäßigkeit; das freie Weib aus Ibsen-Mode; den Moralisten aus Rachsucht; den Mutigen aus Leihbibliotheksromantik! Wer hat diese Rasse hervorgebracht, der die Ideologie nicht sublimiertes Erlebnis, sondern Reklamemaske für exotische Träumereien sind?

Shaw kannte auch den echten Romantiker, der an das Leben den fremden Maßstab eines absoluten Wertes anlegt, mißt und verurteilt. Und er verbeugt sich vor Strindberg — und lehnt ihn ab. So ist Shaw also immer Immoralist in jenem verwegenen, ungenialen Sinne, in dem nur der Moralist noch pathetisch genommen wird, sonst aber nichts auf der Welt? Mit beredter Dialektik verschafft er dem bürgerlichen Richter und Pastor, dem Spelunkenbesitzer, Bordelldirektor und Kanonengießer Recht und Ansehen, pseudoromantischen Angreifern gegenüber. Und doch offenbart sich auch an Shaw die Wahrheit, die von Nietzsche bis Wedekind alle großen „Immoralisten" schweigend bezeugten: daß der konsequente Immoralismus nur eine abstrakt-philosophische Denkmöglichkeit, aber kein Spiegelbild unseres Erlebens ist. Caesar neben Herrn Sartorius, Napoleon neben dem Bulgarenmajor Sergius und Candida neben Ann verraten, daß es auch für Shaw nicht nur Rangunterschiede gemäß der inneren Wahrhaftigkeit, der adäquaten Selbstverwirklichung, sondern auch Rangunterschiede gemäß der eingeborenen Würde gibt. Shaw ist nicht nur Puritaner: einer, der säubert; sondern auch Evangelist: einer, der eine frohe Botschaft bringt. Seine frohe Botschaft hat zwei Heilande: den herrschenden Caesar und die herrschende Candida. Seine Physiologie hat zwei Typen: den Weltunternehmer, der Macht aufhäuft, und das Triebweib, das Männer verschlingt. Diese Physiologie der Gesunden richtet er als Norm auf über der Physiologie der Kranken, der Pseudoromantiker. Aber noch über der Physiologie der gesunden Tiere erhebt sich normativ die Physiologie der Heilande. Sie herrschen! Nicht aus Talent und zu beabsichtigtem Zweck, sondern aus Charakter und ohne jedes Teilziel. Sie verabsolutieren ihren Willen aus dem Instinkte seiner Wertüberlegenheit: der Mann-Heiland ist geistiger, die Frau-Heiland seelischer Imperialist. Ihr Ausweis ist, daß sie herrschen, ohne zu zwingen. Nüchtern, mutig, selbstverständlich ist ihr Weg. Liegt Shaws Drama oberhalb des Tragischen?

II.

Demaskierungen werden meist pathetisch sein, wenn die Maske bewußte Lüge ist. Dem Shawschen Romantiker ist die Maske schon mit dem Gesicht zusammengewachsen, und der Gegendruck des Fleisches ist unter die Schwelle bewußten Lebens gedrückt. Da hilft keine pastorale Predigt eines Wahrheitsmissionars. Da gilt es, das Fleisch zu nähren, bis es sich strafft und spannt und alle künstlichen Einschnürungen sprengt. So wird die Demaskierung im Zeichen der Ironie geschehen! Die Wirklichkeit wird ihr romantisch-schönfärberisches Porträt Lügen strafen. Und die Konfrontierung von Modell und Bild wird Lachsalven hervorrufen. Der pseudoromantische Mensch muß gestachelt, vor Agründe gestellt, zu unannehmbaren Konsequenzen gejagt werden: dann vergißt er in der Stunde der Not seine Rolle; denn auch er ist ja einmal nackt geboren und machte seine Windeln naß. So sind Shaws ironische Situationen und Dialoge nicht die talentvolle Arbeit eines geistreichen Pointeurs, sondern der notwendige Stil seines Ethos! Die Dichtheit und intellektualistische Strenge seines Dialogs ist eine weitere Konsequenz dieses Ethos! Es soll nicht geplaudert, keine Anekdote mit verteilten Rollen erzählt werden; die Perioden sollen mehr als nur den Geruch ihres Urhebers vermitteln. Hier wird gelehrt, hier wird logisch gesiegt; aus Prämissen wird eine Konklusion gezogen. Noch die grellsten Theatereffekte sind in die mathematische Demonstrierung einbezogen. So hat das Theater heute ein Shaw-Problem wie einst ein Ibsen-Problem. Es ist der mathematischlogische Dramenstil zu finden; die Bühne ist dem platonischen Dialog zu erobern. Natürlich ist Shaws Drama mehr als eine Begriffsverkettung mit übergemalter Anekdote. Wer nur seine szenischen Anmerkungen kennt, die sich oft zu Biographien der Bühnengestalten weiten, weiß, wie rund, wie reich, wie von ihrer eigenen Dunstsphäre umhüllt Shaws Menschen sind. Und mancher Beweis vollzieht sich ohne Worte. Aber der moderne Mensch hat doch seine Lebensrichtung seelisch erst völlig fixiert, wenn er sie gedanklich gespiegelt hat. Und das gilt um so mehr dort, wo die Lebensrichtung geändert worden ist. Auch die Tat des modernen Menschen steigt, wie alle Tat, aus bewußtseins-jenseitigen Tiefen. Aber sie strömt nicht unmittelbar in die Realität ein, sondern passiert vorher den Bereich der Intellektualität. Hier sind das Werk Shaw und der Mensch Shaw eins und vernichten den modernen Generalirrtum, daß allzu scharfer Intellekt das schöpferische Vermögen aufzehre. Shaw ist selbst sein größter Kritiker. Er leuchtet sein eigenes Mysterium ab, das Mysterium Caesar. Caesar ist irdischer als Zarathustra; aber auch Caesar ist noch keine Geburt, sondern erst eine Wehe. Shaw ist auch einer der unterhaltendsten Theaterdramatiker; er hat auch den unvergänglichen Ruhm, den Backfisch lächerlich gemacht zu haben, den männlichen und weiblichen, den sechzehnjährigen und den sechzigjährigen. Aber im letzten ist er der Typus, aus dem die Zukunft hervortaucht. Darum ist er für uns Polytheisten einer der Götter unseres Himmels. Liegt Shaws Drama schon oberhalb des Tragischen?

III.

Candida.

Mozart spinnt ein Beethoven-Thema. Fast ist es, als zögen Schwerkranke in hell-freundlichen Gewändern licht durch den Frühlingsmorgen. Wir ahnen Schmerzen. Aber die Sonne schnörkelt um den leidenden Lippenzug Arabesken, die zum

Lachen reizen. Wir können — wie gebannt — nicht zum Schmerz dieser Menschen. Irgendwann ahnen wir ihn — — ganz fern.

Selbst der sonst so zornige Atem des Gesellschaftskritikers geht hier ruhiger. Der Witz beißt nicht; die Würzung ist an Ibsen, Wedekind und Strindberg, auch an Shaw dem Anderen gemessen: harmlos. Die ironische Subtilität des Dialektikers pointiert sich in einem Kuß. Unauffällig und mit vollendeter Charme werden sie alle in dem feinen dialogischen Gespinst gefangen: Burgess, der Christ aus Geschäftsinstinkt; Prossi, die ewige Jungfrau aus Not; Morell, der Pathetiker aus Selbstverliebtheit, und Marchbanks, der Theater-Romantiker. Und da sie unvorsichtigerweise durch die Maschen des enggesponnenen Dialogs durchzuschlüpfen versuchen, bleibt plötzlich — bei irgendeiner Straffung des Gewebes — ihr übergeworfener Flitter hängen — und wir lachen über die Entblößten, die in komischen Sprüngen sich ihrer Enthüllung schämen. Nacktheit vor dem Menschen! Alle aber besitzen noch eine Nacktheit vor Gott: da ist dann die Prossi ein sehnsüchtiges, armes Geschöpf; Marchbanks — ein Werther. Das ist keine ästhetisch-parodistisch zu bewertende Nacktheit. Sie exponiert sich nicht in naiver Frechheit; in posierender Kindlichkeit; in satt-salbungsvollem Hochmut. Sie wird nicht spielerisch belichtet. Sie wird überhaupt nicht belichtet: aber ein ethisch-prägendes Pathos geht immer irgendwie untertönig mit.

Candida, lichter Engel; du allein Spiel und Ernst in eins. Leuchtturm für zwei Welten. Große Harmonie du: da deine Nacktheit zugleich dein Gewand. Innigstes Pathos: da dein Leben zugleich deine Lehre. Realistische Romantikerin: da dein Kuß zugleich überirdische Schwärmerei und Abschied von der Schwärmerei aus Irdischkeit. Dir geht's mit deinem Pfarrer so, wie Nietzsche mit dem ganzen Leben. Auch du sagst: Ja, trotzdem . . . Aber du sagst es lächelnd. Denn du bist die Grazie. Du bist die Tragödie Shaws. Die leise, unterdrückte, fast gar nicht vorhandene Tragödie Shaws.

Diese Candida ist eine Vivie unter klimatisch milderen Gesellschaftsverhältnissen. Oft hat Shaw ein Mädel zum Beleuchtungs- und Beschattungszentrum dieser Welt gemacht. Aber während die Vivie (oder ihre Schwester in „Pygmalion") eigenwillig-brüsk leuchtet und mit sonorer, herb getönter Altstimme schattet, verkündet Candida nur durch ihr schlicht-bescheidenes Dasein und kritisiert nur durch ihr Anderssein.

Die Candida hat – schmerzlicherweise – zwei unreine Herztöne: sie schreibt sich zu guter Letzt ihren eigenen Nachruf; und erst auf einem dialektischen Gewinde schwierigster Konstruktion schraubt sie sich zur Entscheidung für ihren Pfarrer empor. Doch: die Candida ist echt. Nur Shaws Porträt ist leise gefälscht – aus esprit. Ihre Wahl ist wahrhaftig. Die Begründung – nur geistreich.

Shaw hat einen ebenbürtigen Vetter. Ihre Väter sind Söhne eines Vaters: aber während bei Wilde das Monokel als Zensor über das Nicht-Erlebnis des fin de siècle fungiert, hat Shaw sich vor der Konsequenz der spielerischen Entwirklichung zum wissenden Lächeln gerettet, wie es die Lichte, die Beschwingte, die Herzenskluge, die Tragisch-Heitere, die zarte Tapfere lächelt: die Candida. – –

✡

Kapitel XV

Kaiser

I.

Die Dichter-Generation, die jetzt am Werke ist, hat drei entscheidende Zeitereignisse erlebt: die gewitterträchtige Schwüle des Vorkrieg; die Zertrümmerung aller leiblichen und seelischen Gestalt im Krieg; und die Perpetuierung des ungehemmten Ausbruchs in der revolutionären Gegenwart. Die aktuellen Geschehnisse trafen auf die beiden vom Anfang des vorigen Jahrhunderts herwirkenden Kernerlebnisse der modernen Ära: die Skepsis gegenüber jeder Sinndeutung des Lebens und den Willen, das Leben trotzdem zu meistern.

Diese epochalen und aktuellen Elemente unseres Erlebens sind die Atmosphäre aller gegenwärtigen Geistigkeit; wie trojanischer Krieg, Odysseussage und Olymp die Seelensituation Homers war, oder französische Revolution, deutsche Reaktion und abstrakt-verflüchtigtes Christentum Schillers seelische Heimat. Dialoge, dramatische Konflikte, tragische Zuspitzungen sind erst Rationalisierungen oder Illustrierungen (d. h. Symbolisierungen) dieser Seelenmannigfaltigkeit. Wir sind über die Möglichkeit früherer Kulturen, diesen Seelenreichtum allgemeingültig zu verschmelzen, hinausgewachsen und empfinden dies — je nach dem Temperament — als reizvoll oder tragisch. Vergangenen Zeiten war der repräsentative Dichter zugleich der persönlichste und der sachlichste: wer seine Seele am fugenlosesten zusammenhielt, war der Former der Zeitseele, zuletzt noch Goethe. Jetzt ist die Möglichkeit einer Koinzidenz von runder, in sich zentrierter Subjektivität mit der Polyphonie des Zeitgeistes deshalb so gering, weil jeder Ton im Vielklang Herr und Mitte einer eigenen Konsonanz geworden ist und die Einzelseele zur Zeitseele sich deshalb nicht mehr wie ein Mikrokosmos zu einem Makrokosmos, sondern wie ein Blumenarrangement zu einem Blumenfeld verhält; statt Konzentration in einem Subjekt haben wir subjektive Auswahl.

Während nun aber die dichterische Persönlichkeit die Problematik der Zeitseele zur persönlich-objektiven Konsonanz zu erlösen strebt und sich deshalb so labyrinthisch verirrt, weil keine selbstverständliche Dominante mehr wie früher die Orientierung gestattet, wird der „repräsentative" Dichter die Konsonanz mit der Zeit erzwingen durch Bevorzugung eines ihrer Teilinhalte auf Kosten aller anderen. Diesem einen Ereignis gibt er sich hin, spricht es typisch aus und versinkt dann — wie wir es erlebt haben — vor der wandernden Zeit in die Historie. So hat er seinen Tag, aber nicht seinen Morgen. Viele hatten ihren Tag. Georg Kaiser hat sein Morgen, weil er mehr Spiegel als Lösung ist und mehr aus dem Jahrhundert als aus der pazifistisch-nationalistisch-theosophisch-materialistischen Saison spricht.

II.

In anderen gelangt neues seelisches Leben zum Durchbruch, andere verleihen dem neuen Leben klassischen Ausdruck. Mit Georg Kaiser ist kein neues Seelenereignis in diese Welt gekommen; aber eine gültigere Präzision, ein schmiegsamerer Umriß, eine sichtbarere Manifestation. Er ist Klassiker des Menschen geworden, dessen Morgen Durchbrechung traditionell oder konventionell eingegrenzten Lebens und dessen Mitternacht ferner Umriß einer neuen Menschengestalt ist. Dies Gebilde aus Chaos und erstem flüchtigen Horizontziel war vor ihm geboren, war von den gewaltigen Riesen des gewaltigen letzten Jahrhunderts ans Licht gerissen. Kaiser gehört zu den Wenigen, die innerhalb der tausend sich kreuzenden Fluiden dieses Neu-Geborenen, dieses noch Unprofilierten, das wesentliche Antlitz des letzten Menschen fixieren konnten.

Die Niederreißung der die Seele umschließenden (natürlichen oder fingierten) Seelengrenzen bildet das Zentralereignis im Kaiserschen Werk: in der „Europa" symbolisiert es sich im Prozeß vom schwebenden Tanzschritt zum animalischen Stiersprung; vom Kassierer wird das hinter Grenzen Lauernde aus einem Frauenparfüm errochen, und nun stürzt der Verlockte „von Morgens bis Mitternachts" durch das luftleere All; in der „Koralle" wird — trotz des raffiniertesten, vom Milliardär ersonnenen Seelenmechanismus — der Ausbruch des großen Wirrwarrs vom Geschick erzwungen; und Konstantin Strobl, den Zentauren, reißt die unbekannte Aufgabe, sich als Mann zu bewähren, aus engumfriedetem Leben in den aufregenden Kreis nicht vorherzusehender Situationen. (Der „Zentaur" ist das komische Pendant zur Tragödie des Kassierers.)

Das diesen Werken eingeborene Ethos verkündet, daß stürzendes, ungegliedertes, ungeformtes Leben wertvoller ist als geordnetes, gebändigtes, geschientes, wo Ordnung ausgelaugtes Ästhetentum („Europa") und zufällige Spießbürgerbehaglichkeit („Von Morgens bis Mitternachts", der „Zentaur"), und wo Bändigung feige Flucht („Koralle") bedeutet. Immer wieder springt ein Geheimnis einen Selbstsichern an, ringt mit ihm, besiegt ihn und liefert ihn dem Chaos aus oder treibt ihn einer höheren, bewußteren, begründeteren Selbstsicherheit zu. Auch Kaiser gehört zu den Totengräbern jener Bürgerkultur, der Ordnung Selbstwert war (weil ein Ordnung garantierender Absolutwert nicht mehr existierte), und deren größter geistiger Exponent, Hebbel, den tiefsten, wesentlichsten Imperativ dieser Kultur aussprach: „Rühre nimmer an den Schlaf der Welt."

Kaiser rührte an den Schlaf der Welt; er kappte die drei Ankerketten: Gegebenheit, Feigheit, Kraftlosigkeit, und schon wurde der Mensch vom rasenden Tohuwabohu umbrandet. Die dünne Oberflächenkruste einer Weltordnung durch Familienpflicht, anämischen Rhythmus und Goldzaun ist gerissen. Der Weltcharakter grinst aus der Tiefe all seine Höllengesichter ans Licht.

Explosion und Leidenschaftskrampf, der revolutionäre Aufbruch der Urelemente, wurden Kaiser zum Stellvertreter innerseelischer Spannungen. „Gas" heißt ein Werk; eins „Brand im Opernhaus". Die seelische Anarchie, welche die Duodezfürsten der Bürgerkultur aus dem heiligen Geschlechte der irdischen Ordnung entthront hat, konnte kein intimeres Gleichnis finden als die Meuterei der Naturkräfte gegen den menschlichen Oberherrn.

Explosionen erdröhnen, ohne beredet zu werden. Es glüht, brennt, kracht Worte. Worte rasen aufeinander los. Worte jagen sich, fangen sich, prallen zurück, splittern. Worte sind hier sachlich; plauschen nie; exprimieren nur; sind geronnene Seele. Worte sind hier so geizig, karg, schmal, daß sie nur gerade noch die ihnen zugewiesenen Seelenenergien bergen können. Kaiser kennt keine breiten Wortkrempen, die auf- und niederwippen, funktionslose Stuckatur: „Spitzen und letzte Ballungen in allen Dingen". Sein Stil, knapp, abrupt, konzis, ist getreues Abbild des unepischen, unidyllischen Menschen seiner Welt. Idylle setzt voraus: Harmonie, behagliches Eingefügtsein des Menschen in den Weltrahmen. Die nackte Seele des nachgoetheschen Menschen, gepeitscht durch den Hexensabbat von Sportexzessen und erotischen Flammenmeeren, reißt alles Tempo und alle Überfülle der Gestalten in das zum Bersten gefüllte, geschleuderte Wort des Kaiserschen Dialogs zusammen. Selbst seelisch weniger aktuelle Dramen, wie die „Sorina“ und „Rektor Kleist“, erregen, weil ein geschwätziger Stoff immerhin asketisch geformt ist.

Dissonnierende Polyphonie ist die Dominante in Kaisers Werk; die Umrisse neuer, echter, überharmonischer Konsonanz bilden sich erst leise und zaghaft: aus dem Opernhaus, das abbrennt mit seinen tausend tanzenden Masken, rettet eine ihr Leben, indem sie freiwillig in die Flammen zurücktanzt. Aus der Gasexplosion, die Tausende vernichtet, rettet sich die Milliardärstochter den Willen zu einem Führer aus der Wüste; und die Lavalette bringt das „Frauenopfer“, läßt sich schänden und töten für die Mission ihres Gatten; vor allem aber in einem Werk wird das neue Ethos gesetzgeberisch und konkret. Eustache de St. Pierre hämmert das freiwillige Opfer der sechs „Bürger von Calais“ aus einem zarten, bunten, flirrenden Impuls zu bewußter, starker Tat. Von Eustache de St. Pierre sagt einer: „Ich habe den neuen Menschen gesehen!“ Der neue Mensch! Der unerbittlich strenge, nüchterne, mit letzter Radikalität das Motivgeflecht zerfasernde Mensch, dessen Pathos wenig wärmt, dessen Kühnheit schwindlig macht; und dessen rasende Dynamik, die jede Forderung durch die Eisregionen objektiver Geistigkeit jagt, anzeigt, daß hier Liebe, Leidenschaft für Geschaffenes ganz umgesetzt ist in Idee, Leidenschaft des Schöpfers. In einer überhellen, seltenen Stunde der Vorahnung hat Schiller, der Seher, Eustache de St. Pierre und seinen Dichter und die Epoche seines Dichters endgültig ausgesprochen:

„Wisset! Ein erhabner Sinn
Legt das Große in das Leben,
Und er sucht es nicht darin.“

Springt der Mensch, in dem das Chaos ausgebrochen ist, ohne Kontinuität von Raum zu Raum, von Situation zu Situation, füllt er sich mit ungeheuren Quantitäten Welt, so geschieht seelische Konsolidierung fast durch ein Auf-der-Stelle-

Treten. Ist „Von Morgens bis Mitternachts" ein Vorwärtssturm, Durchrasen der größten Dimensionen in kürzester Frist, so sind die „Bürger von Calais" wie eine Tiefbohrung, Werbung um den kleinsten Schritt, um den entscheidensten Schritt in der längsten Zeit. Beim Aufbau der neuen Seele wird nicht die Fülle wichtig, nicht die Buntheit, nicht die Wirkung: der Kern einer jeden Äußerung wird wichtig, ihr innerstes Agens soll rein sein. Die scheinbar bedeutende Tat wird dialektisch zersetzt, auf des Nadels Spitze balanciert; wird solange belichtet, bis alle ungeistige Wucherung erkannt und entfernt ist. Erarbeitet wird seelischer Boden, aus dem alle Unkrautkeime an das Tageslicht geackert sind. Intellektualistische Dialektik wühlt den Boden auf, weil nur der distinktive Begriff energisch in unbekannte Regionen vorstoßen und das krause Gestrüpp der seelischen Antriebe sichten kann. Georg Kaiser kann ebensowenig wie Nietzsche den neuen Menschen als Tatsache aufzeichnen; aus seinen Vorformen, aus den ersten Ansätzen, in denen er unter uns lebt, formt der eine ein Sehnsuchtsbild, bahnt der andere den begrifflichen Weg. Und für des Weges Ziel antizipiert Kaiser nicht mit wuchernder Phantasie, sondern nur in zurückhaltender Ahnung die ersten Umrisse eines neuen Menschenantlitzes. In dem makellosen Mut des Eustache de St. Pierre; in der errungenen Reinheit der Sylvette; im Frauenopfer der Gräfin; in der sozialen Utopie des Milliardärsohnes; in der Selbsteinkehr des büßenden Kassierers; in dem starken, unverzärtelten Leben, das Europa wählt; in der adligen Selbstverständlichkeit, mit der Friedrich Annas Erinnerung an früheres Liebesglück hört: in all dem wird ein neues Geschlecht.

Der Psychologe Kaiser, Abkömmling des großen metaphysischen Psychologen Kierkegaard, führt die Seele vor Hindernisse, um sie zur Entscheidung, zum wahren Leben herauszureizen: zuerst überwindet sie ihre Grenzen: dem Nichts entgegen; zuletzt überwindet sie noch ihre Grenzüberwindung einer neuen Grenze entgegen. Nur diese beiden Seelensekunden belauert Kaiser und bucht die großen Ereignisse, die sie füllen. Denn er ist kein Lexograph der Seele, der ein Leben oder einen Tag nachstenographierte. So ist er repräsentativ für seine Generation geworden, die nicht die Nuance, sondern das Notwendige will. Er hat keinen gleitenden Farbenkreis für seinen Pinsel, weil seine Seele nicht gleitend erlebt. Wie die Metaphysiker eine ganze schimmernde Weltfülle in den Hintergrund drängen, um vor ihm ein oder zwei Elemente als alleinige Weltursprünge zu präsentieren, so hebt Georg Kaiser und seine Generation nur ein, zwei Bewegungen der Seele, die absoluten Bewegungen, aus der unendlich mannigfaltigen Seelenflut und formt sie in immer neuen Bildern. Ein monumentaler Stil, der in festen Stilformen, dem platonischen Dialog – „ins Denkspiel sind wir eingezogen und bereits erzogen aus karger Schaulust zu glückvoller Denklust" – und der rhetorischen Beichte mit ihren stereotypen Wiederholungen, auskristallisiert ist, dokumentiert sich als erster Niederschlag eines leicht sich bildenden monumentalen Weltgefüges. Die deutsch-klassische Monumentalität ist vorchaotisch. Georg Kaisers Werk, Symbol einer von allen Sprengkörpern aufgerissenen Welt, zeigt schon Ansätze zu einer Vernarbung, nicht zu einer Heilung der Wunden; zu einer Heilung trotz der Wunden. Kaiser umwirbt den geahnten heroischen Menschen. „Der einzige Vorwurf von Dichtung: der ist die Erneuerung des Menschen." Das Werk Shaws und das Werk Kaisers zeigen erste Ansätze zur Überwindung der Tragödie der Leerheit. Sie erleben die Seele als eine weltengebärende und weltenstürzende Kraft. Sie degradieren die Seele nicht zu einer innerweltlichen, passiven, den andern Inhalten der Welt nebengeordneten Einzelheit. Aber erst, wenn die Seele sich beruhigt dem Universum einfügen kann, ist die Tragödie überwunden.

Wir leben in der Welt der Tragödie.

✡

Ludwig Marcuse im Diogenes Verlag

Wie alt kann Aktuelles sein?
Kritische Aufsätze. Herausgegeben von Dieter Lamping. Mit einem Nachwort des Herausgebers und einer Bibliographie der literaturkritischen Arbeiten Marcuses. Leinen

Philosophie des Glücks
Von Hiob bis Freud. Vom Autor revidierter und erweiterter Text nach der Erstausgabe von 1948. Mit Register. detebe 20021

Sigmund Freud
Sein Bild vom Menschen. detebe 20035

Argumente und Rezepte
Ein Wörterbuch für Zeitgenossen
detebe 20064

Ignatius von Loyola
Ein Soldat der Kirche. detebe 20078

Das denkwürdige Leben des Richard Wagner
Eine böse Biographie. detebe 21085

Mein zwanzigstes Jahrhundert
Auf dem Weg zu einer Autobiographie. Mit Personenregister. detebe 20192

Nachruf auf Ludwig Marcuse
Autobiographie II. detebe 20193

Philosophie des Un-Glücks
Pessimismus – ein Stadium der Reife
detebe 20219

Ludwig Börne
Aus der Frühzeit der deutschen Demokratie
detebe 20259

Heinrich Heine
Melancholiker, Streiter in Marx, Epikureer
detebe 20258

Meine Geschichte der Philosophie
Aus den Papieren eines bejahrten Philosophiestudenten. detebe 20301

Das Märchen von der Sicherheit
Das Testament eines illusionslosen Optimisten. detebe 20302

Der Philosoph und der Diktator
Plato und Dionys. Geschichte einer Demokratie und einer Diktatur. detebe 21159

Obszön
Geschichte einer Entrüstung. detebe 21158

Essays, Porträts, Polemiken
aus vier Jahrzehnten. Herausgegeben und eingeleitet von Harold von Hofe
detebe 21675

Strindberg
Das Leben der tragischen Seele. detebe 21780

Die Welt der Tragödie
detebe 22548

Briefe von und an Ludwig Marcuse
an und von Max Brod, Alfred Döblin, Bruno Frank, Hermann Kesten, Erika, Klaus, Heinrich und Thomas Mann, Henry Miller, Robert Neumann, Joseph Roth, Alma Mahler-Werfel, Stefan Zweig u.v.a. Mit Chronik, Bibliographie und Register. Herausgegeben und eingeleitet von Harold von Hofe. Leinen

Herausgegeben von Ludwig Marcuse:

Ein Panorama europäischen Geistes
Texte aus drei Jahrtausenden, ausgewählt und vorgestellt von Ludwig Marcuse. Mit einem Vorwort von Gerhard Szczesny
I. Von Diogenes bis Plotin
II. Von Augustinus bis Hegel
III. Von Karl Marx bis Thomas Mann
detebe 21168

Ludwig Marcuse

Strindberg

Das Leben der tragischen Seele

Ludwig Marcuses Strindberg-Biographie, zum ersten Mal nach der Erstausgabe von 1922 wieder zugänglich in der Werkausgabe des Diogenes Verlags.

»Dies Buch fragt nicht: was hat Strindberg geleistet? Es fragt: wer ist Strindberg gewesen? Es will nicht an seiner Bedeutung für diese und jene Kulturzusammenhänge seinen Wert ablesen; vielmehr ist es ihm nur um die Formulierung seines tiefsten Existenzpunktes zu tun.« *Ludwig Marcuse*

»Strindberg hat so viele neue Gedanken szenisch formuliert und so viele neue szenische Formen gefunden, daß ein großer Teil der Dramatiker des 20. Jahrhunderts von ihm abhängig, zumindest aber bei ihm vorgeprägt erscheint.« *Georg Hensel*

August Strindberg im Diogenes Verlag

Dramen in 3 Bänden
Herausgegeben von Artur Bethke
Aus dem Schwedischen von
Artur Bethke und Anne Storm
detebe 21790

Fräulein Julie
und fünf andere Dramen
detebe 21777

Nach Damaskus
und drei andere Dramen
detebe 21778

Gespenstersonate
und sechs andere Dramen. Mit einem Essay von
Ernst Wendt. detebe 21779

Gesammelte Erzählungen in 3 Bänden
Herausgegeben von Klaus Möllmann
Deutsch von Dietlind und Günter Gentsch,
Hans-Jürgen Hube und Klaus Möllmann
detebe 22410

Abschied von Illusionen
Ausgewählte Erzählungen
detebe 22411

Spannungsfeld der Geschlechter
Ausgewählte Erzählungen
detebe 22412

Welt der Schären
Ausgewählte Erzählungen
Mit einem Nachwort von Klaus Möllmann
detebe 22413

außerdem liegt vor:
Ludwig Marcuse
Strindberg
Das Leben der tragischen Seele
detebe 21780

William Shakespeare
Dramatische Werke in zehn Bänden

In der Übersetzung von Schlegel/Tieck. Als Vorlage dient die Edition von Hans Matter. Jeder Band mit einer editorischen Notiz des Herausgebers und Illustrationen von Heinrich Füßli aus der Ausgabe von 1805

Romeo und Julia / Hamlet
Othello
detebe 20631

König Lear / Macbeth / Timon von Athen
detebe 20632

Julius Cäsar / Antonius und Cleopatra / Coriolanus
detebe 20633

Verlorene Liebesmüh
Die Komödie der Irrungen
Die beiden Veroneser
Der Widerspenstigen Zähmung
detebe 20634

Ein Sommernachtstraum
Der Kaufmann von Venedig
Viel Lärm um nichts
Wie es euch gefällt
Die lustigen Weiber von Windsor
detebe 20635

Ende gut, alles gut / Was ihr wollt
Troilus und Cressida / Maß für Maß
detebe 20636

Cymbeline / Das Wintermärchen
Der Sturm
detebe 20637

Heinrich der Sechste / Richard der Dritte
detebe 20638

Richard der Zweite / König Johann / Heinrich der Vierte
detebe 20639

Heinrich der Fünfte / Heinrich der Achte / Titus Andronicus
detebe 20640

Molières Komödien in sieben Einzelbänden

Herausgegeben und neu übertragen von Hans Weigel

Der Wirrkopf
Die lächerlichen Schwärmerinnen
Sganarell oder Der vermeintlich Betrogene
detebe 20199

Die Schule der Frauen
Kritik der ›Schule der Frauen‹
Die Schule der Ehemänner
detebe 20200

Tartuffe oder Der Betrüger
Der Betrogene oder George Dandin
Vorspiel in Versailles
detebe 20201

Don Juan oder Der steinerne Gast
Die Lästigen
Der Arzt wider Willen
detebe 20202

Der Menschenfeind
Die erzwungene Heirat
Die gelehrten Frauen
detebe 20203

Der Geizige
Der Bürger als Edelmann
Der Herr aus der Provinz
detebe 20204

Der eingebildete Kranke
Die Gaunereien des Scappino
Mit einer Chronologie und einem Nachwort des Herausgebers. detebe 20205

Als Ergänzungsband liegt vor:

Über Molière
Zeugnisse, über Molière auf der Bühne, über Molière in deutscher Übersetzung von Audiberti, Anouilh, Baudelaire, Börne, Brecht, Elisabeth Brock-Sulzer, Bulgakow, Cocteau, Flaubert, Friedell, Gide, Goethe, Georg Hensel, Hofmannsthal, Jean Paul, Louis Jouvet, Klabund, Lessing, Th. Mann, Proust, A. W. Schlegel, Schopenhauer, Jürgen v. Stackelberg, Stanislawski, Voltaire, Hans Weigel u.a. Chronik und Bibliographie.
detebe 20067

Heinrich von Kleist
Sämtliche Erzählungen
Mit einem Nachwort
von Stefan Zweig
detebe 21886

»Wenn Kleist nieste, fiel ein himmlischer Regen auf die Erde.« *Theodor Fontane*

»Kleist war dazu geboren, die große Lücke in der deutschen Literatur auszufüllen, die, nach meiner Meinung wenigstens, selbst von Schiller und Goethe noch nicht ausgefüllt worden ist.« *Egon Friedell*

»Er hat sich in einen Motor deutscher Zuversicht verwandelt. Das ist der höchste Ruhm, der einem Dichter gewährt werden kann.« *Hermann Bahr*

»Wenn ich mir erlauben darf, als Reinigungsbad viel Hebel (mit einem b), Kleist und Schopenhauer zu empfehlen – das fegt die Ecken aus!« *Kurt Tucholsky*

»In der Novelle erweist sich dieser arme Heinrich als großer Beherrscher der Form sowohl wie des Inhalts.« *Robert Walser*

»Kleists Erzählungen gehören zu den besten, die die deutsche Literatur besitzt.« *Friedrich Hebbel*

Georg Büchner
Werke und Briefe
Herausgegeben und mit einem
Vorwort von Franz Josef Görtz
Mit einem Nachwort von
Friedrich Dürrenmatt
detebe 21656

Eine auf der historisch-kritischen Ausgabe beruhende, sorgfältig edierte und trotzdem gut lesbare Ausgabe für Nicht-Philologen. Enthält die Dichtungen *Lenz, Dantons Tod, Leonce und Lena* und *Woyzeck*, das Pamphlet *Der Hessische Landbote*, die Vorlesung *Über Schädelnerven* sowie *Briefe*, von denen einige bisher noch nie in einer Büchner-Ausgabe erschienen sind.

»Es gibt in deutscher Sprache kein grandioseres Volksstück als den *Woyzeck* und im Umkreis der nachklassizistischen Dramatik keine blutvollere Historie als *Dantons Tod.*« *Egon Friedell*

Friedrich Hebbel
Ergründe die Welt, und nicht die Bücher

Einfälle, Reflexionen, Beobachtungen
Ausgewählt und mit einem Vorwort
von Egon Friedell. Mit einem Nachwort
von Wolfgang Lorenz

Eine Auswahl aus den *Briefen,* den *Tagebüchern*, den *Vermischten Schriften* und dem *Nachlaß*.

»Hebbels philosophische Hauptarbeit ist in zwei umfangreichen Sammlungen enthalten: den *Vermischten Schriften*, die im wesentlichen die Aufsätze und Kritiken enthalten und den *Tagebüchern*. Die *Tagebücher* sind vielleicht das Beste, was Hebbel geschrieben hat: von unerschöpflichem Gedankenreichtum, höchster Universalität des Urteils und der Beobachtung und voll von überraschenden Antizipationen der modernsten Gedankengänge.
Hebbel hatte kein philosophisches System, sondern war ein einfacher Denker in der Art Montaignes, Lichtenbergs oder Emersons. Er selbst sah darin einen Fehler: ›Ich will gehen und kann bloß springen… ich kann nur stückweise den Schleier zerreißen, der das Wahre verhüllt‹; aber die Leser von heute werden vielleicht in diesem durchaus aphoristischen, problematischen Charakter seines Denkens eher einen Vorzug erblicken.« *Egon Friedell im Vorwort*

»Den widerwärtigsten Eindruck machen auf mich korrigierende, knabenhafte Gesellen, wie man sie in allen Verhältnissen findet, die durch ihre Äußerungen zeigen, daß sie in die Schule gegangen sind, aber noch nicht lange genug.« *Friedrich Hebbel*

Frank der Fünfte. Komödie einer Privatbank Fassung 1980. detebe 20836
Die Physiker. Komödie. Fassung 1980 detebe 20837
Herkules und der Stall des Augias / Der Prozeß um des Esels Schatten. Griechische Stücke. Fassung 1980. detebe 20838
Der Meteor / Dichterdämmerung. Nobelpreisträgerstücke. Fassung 1980 detebe 20839
Die Wiedertäufer. Komödie. Fassung 1980 detebe 20840
König Johann / Titus Andronicus. Shakespeare-Umarbeitungen. detebe 20841
Play Strindberg / Porträt eines Planeten Übungsstücke für Schauspieler detebe 20842
Urfaust / Woyzeck. Bearbeitungen detebe 20843
Der Mitmacher. Ein Komplex. detebe 20844
Die Frist. Komödie. Fassung 1980 detebe 20845
Die Panne. Hörspiel und Komödie detebe 20846
Nächtliches Gespräch mit einem verachteten Menschen / Stranitzky und der Nationalheld / Das Unternehmen der Wega. Hörspiele und Kabarett. detebe 20847
Achterloo. Komödie. Leinen
Friedrich Dürrenmatt & Charlotte Kerr *Rollenspiele.* Protokoll einer fiktiven Inszenierung und Achterloo III. Leinen

● Alexander Sinowjew

Der Arm des Kremls. Komödie. Aus dem Russischen von G. von Halle. Broschur

● Slawomir Mrożek

Striptease und andere Stücke. Aus dem Polnischen von Ludwig Zimmerer. Leinen
Tango und andere Stücke. Deutsch von Christa Vogel, M.C.A. Molnar und Ludwig Zimmerer. Leinen
Der Botschafter und andere Stücke. Deutsch von Christa Vogel und M.C.A. Molnar. Leinen

● Patrick Süskind

Der Kontrabaß. Ein Stück. Pappband

● Thomas Strittmatter

Viehjud Levi und andere Stücke. Leinen